colegio - σχολείο 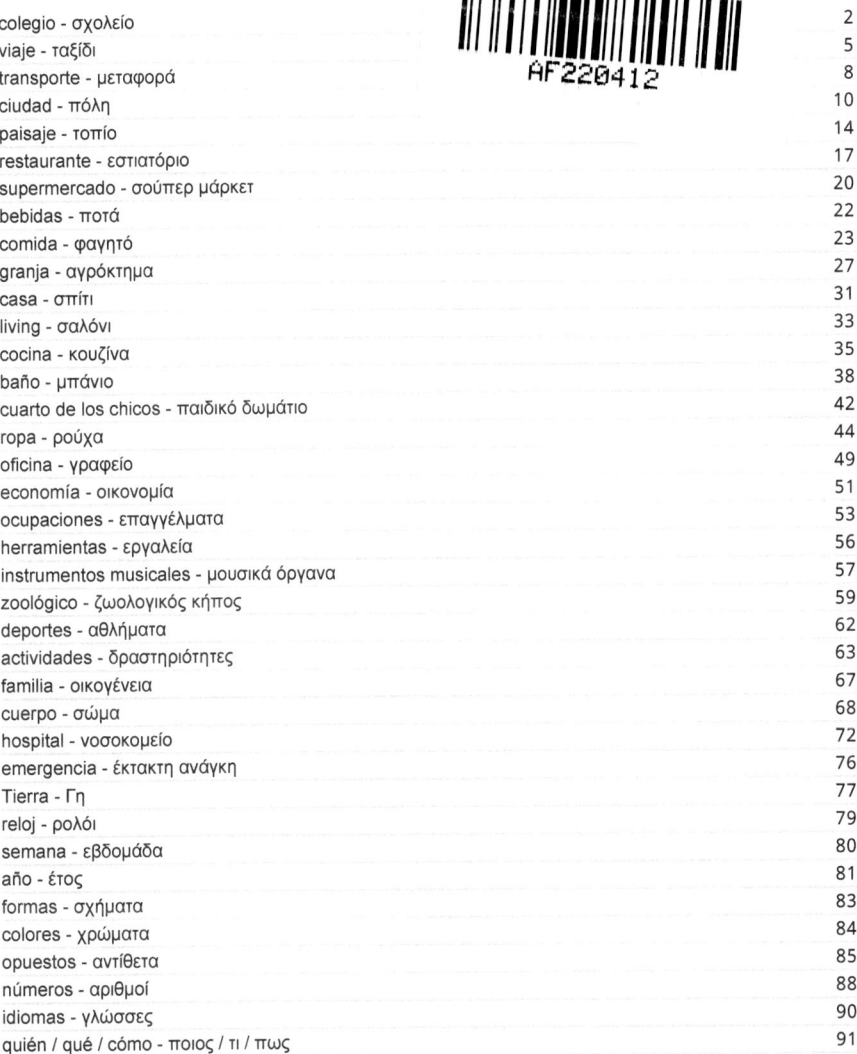 2
viaje - ταξίδι 5
transporte - μεταφορά 8
ciudad - πόλη 10
paisaje - τοπίο 14
restaurante - εστιατόριο 17
supermercado - σούπερ μάρκετ 20
bebidas - ποτά 22
comida - φαγητό 23
granja - αγρόκτημα 27
casa - σπίτι 31
living - σαλόνι 33
cocina - κουζίνα 35
baño - μπάνιο 38
cuarto de los chicos - παιδικό δωμάτιο 42
ropa - ρούχα 44
oficina - γραφείο 49
economía - οικονομία 51
ocupaciones - επαγγέλματα 53
herramientas - εργαλεία 56
instrumentos musicales - μουσικά όργανα 57
zoológico - ζωολογικός κήπος 59
deportes - αθλήματα 62
actividades - δραστηριότητες 63
familia - οικογένεια 67
cuerpo - σώμα 68
hospital - νοσοκομείο 72
emergencia - έκτακτη ανάγκη 76
Tierra - Γη 77
reloj - ρολόι 79
semana - εβδομάδα 80
año - έτος 81
formas - σχήματα 83
colores - χρώματα 84
opuestos - αντίθετα 85
números - αριθμοί 88
idiomas - γλώσσες 90
quién / qué / cómo - ποιος / τι / πως 91
dónde - που 92

Impressum
Verlag: BABADADA GmbH, Nedderfeld 112 , 22529 Hamburg
Geschäftsführer / Verlagsleitung: Harald Hof
Druck: Books on Demand GmbH, In de Tarpen 42, 22848 Norderstedt

Imprint
Publisher: BABADADA GmbH, Nedderfeld 112 , 22529 Hamburg, Germany
Managing Director / Publishing direction: Harald Hof
Print: Books on Demand GmbH, In de Tarpen 42, 22848 Norderstedt

colegio
σχολείο

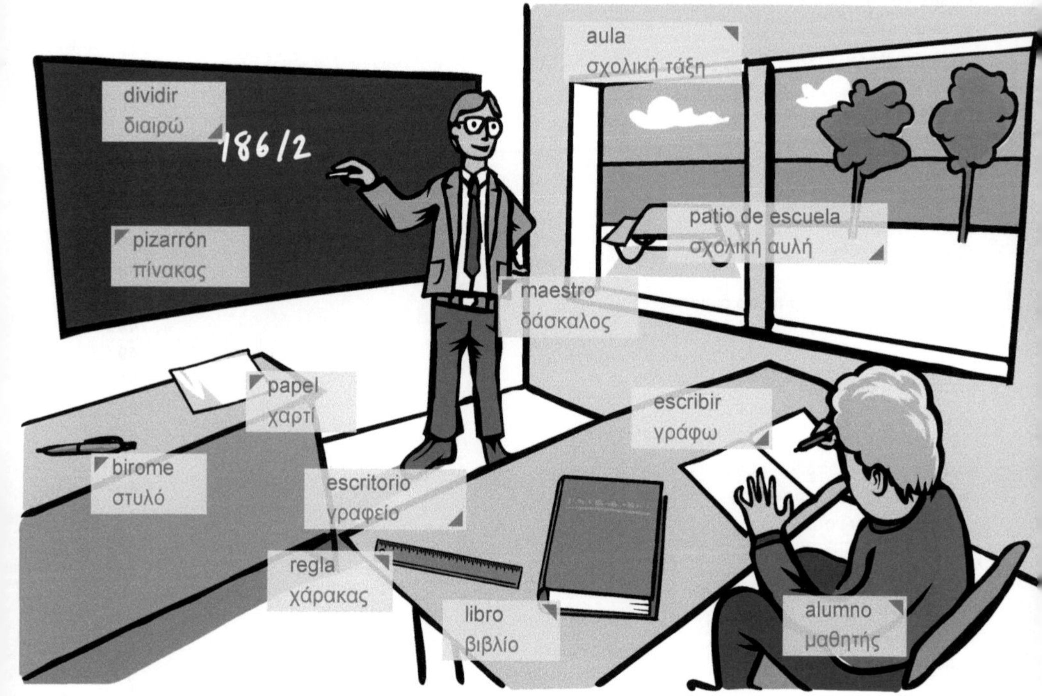
aula
σχολική τάξη
dividir
διαιρώ
186/2
pizarrón
πίνακας
patio de escuela
σχολική αυλή
maestro
δάσκαλος
papel
χαρτί
escribir
γράφω
birome
στυλό
escritorio
γραφείο
regla
χάρακας
libro
βιβλίο
alumno
μαθητής

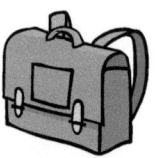

mochila

σχολική τσάντα

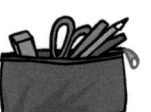

caja de lápices

κασετίνα/ μολυβοθήκη

lápiz

μολύβι

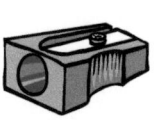

sacapuntas

ξύστρα

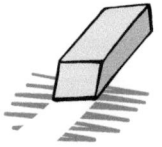

goma (de borrar)

γόμα

bloc de dibujo

μπλοκ ζωγραφικής

dibujo
ζωγραφική

pincel
πινέλο

caja de pinturas
κουτί χρωμάτων

tijera
ψαλίδι

pegamento
κόλλα

cuaderno de ejercicios
τετράδιο ασκήσεων

tarea
εργασία για το σπίτι

número
αριθμός

sumar
προσθέτω

restar
αφαιρώ

multiplicar
πολλαπλασιάζω

calcular
υπολογίζω

letra
γράμμα

abecedario
αλφάβητο

palabra
λέξη

texto

κείμενο

leer

διαβάζω

tiza

κιμωλία

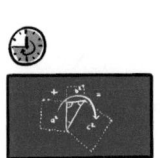

lección

μάθημα

cuaderno de clase

εγγράφομαι

examen

τεστ

certificado

πιστοποιητικό

uniforme escolar

μαθητική στολή

educación

εκπαίδευση

enciclopedia

εγκυκλοπαίδεια

universidad

πανεπιστήμιο

microscopio

μικροσκόπιο

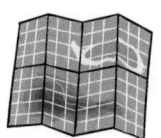

mapa

χάρτης

tacho (de basura)

καλάθι αχρήστων

viaje
ταξίδι

hotel
ξενοδοχείο
Grand
hostel
ξενώνας
ROOMS
EXCHANGE
casa de cambio
ανταλλακτήρια συναλλάγματος
valija
βαλίτσα
auto
αυτοκίνητο

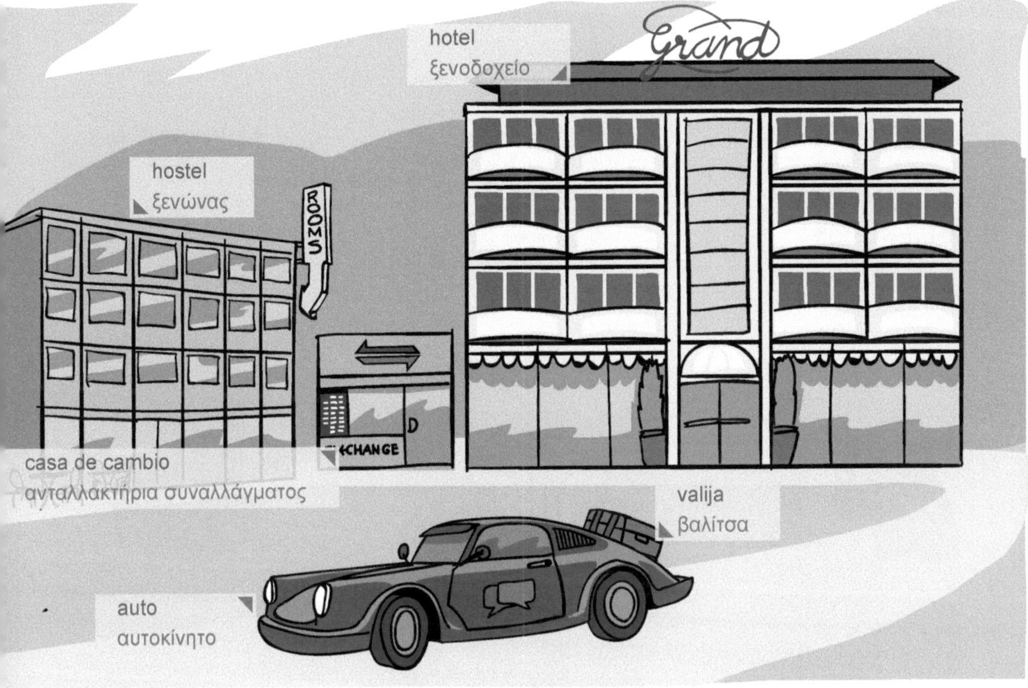

idioma

γλώσσα

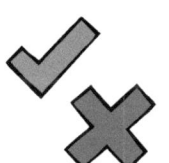

sí / no

ναι / όχι

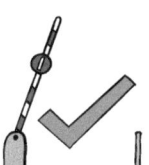

Está bien

εντάξει

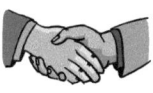

hola

γεια σου

traductor

μεταφραστής

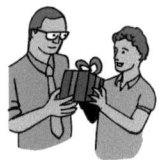

Gracias

Ευχαριστώ

¿cuánto cuesta...?

πόσο κάνει ;

No entiendo

Δε καταλαβαίνω

problema

πρόβλημα

¡Buenas tardes!

Καλησπέρα!

¡Buenos días!

Καλημέρα!

¡Buenas noches!

Καληνύχτα!

adiós

Αντίο

dirección

κατεύθυνση

equipaje

αποσκευές

bolso

τσάντα

mochila

σακίδιο πλάτης

invitado

καλεσμένος

habitación

δωμάτιο

bolsa de dormir

υπνόσακος

carpa

σκηνή

información turística

τουριστικές πληροφορίες

playa

παραλία

tarjeta de crédito

πιστωτική κάρτα

desayuno

πρωινό

almuerzo

μεσημεριανό

cena

δείπνο

pasaje

εισιτήριο

ascensor

ανελκυστήρας

sello

γραμματόσημο

frontera

σύνορα

aduana

τελωνείο

embajada

πρεσβεία

visa

βίζα

pasaporte

διαβατήριο

transporte

μεταφορά

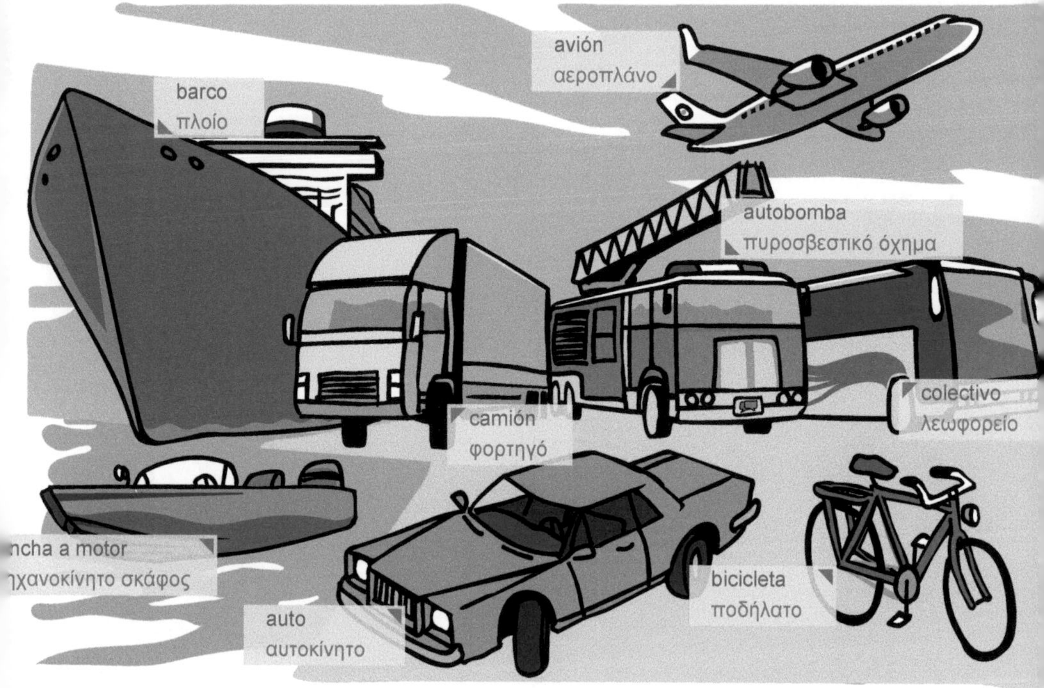
avión
αεροπλάνο
barco
πλοίο
autobomba
πυροσβεστικό όχημα
colectivo
λεωφορείο
camión
φορτηγό
ncha a motor
ηχανοκίνητο σκάφος
bicicleta
ποδήλατο
auto
αυτοκίνητο

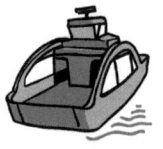

ferry

φεριμπότ

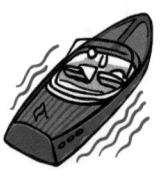

bote

βάρκα

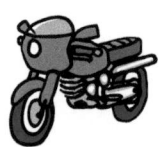

moto

μοτοσικλέτα

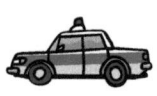

patrullero

περιπολικό

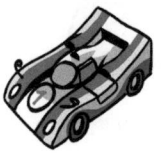

auto de carreras

αγωνιστικό αυτοκίνητο

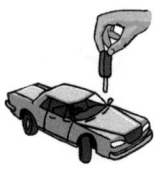

auto de alquiler

ενοικιαζόμενο αυτοκίνητο

alquiler de autos
διαμοιρασμός αυτοκινήτων

grúa
γερανός

camión de basura
απορριμματοφόρο

motor
κινητήρας

nafta
καύσιμο

estación de servicio
βενζινάδικο

señal de tránsito
πινακίδα σήμανσης

tránsito
κυκλοφορία

embotellamiento
κυκλοφοριακή συμφόρηση

estacionamiento
χώρος στάθμευσης

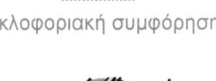

estación de tren
σιδηροδρομικός σταθμός

vías
σιδηροδρομικές γραμμές

tren
τρένο

tranvía
τραμ

vagón
βαγόνι

helicóptero

ελικόπτερο

aeropuerto

αεροδρόμιο

torre

πύργος

pasajero

επιβάτης

contenedor

εμπορευματοκιβώτιο

caja de cartón

χαρτοκιβώτιο

carretilla

καρότσι

canasta

καλάθι

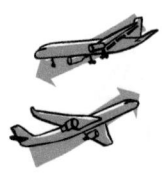

despegar / aterrizar

απογειώνομαι /
προσγειόνομαι

ciudad

πόλη

pueblo

χωριό

centro de ciudad

κέντρο της πόλης

casa

σπίτι

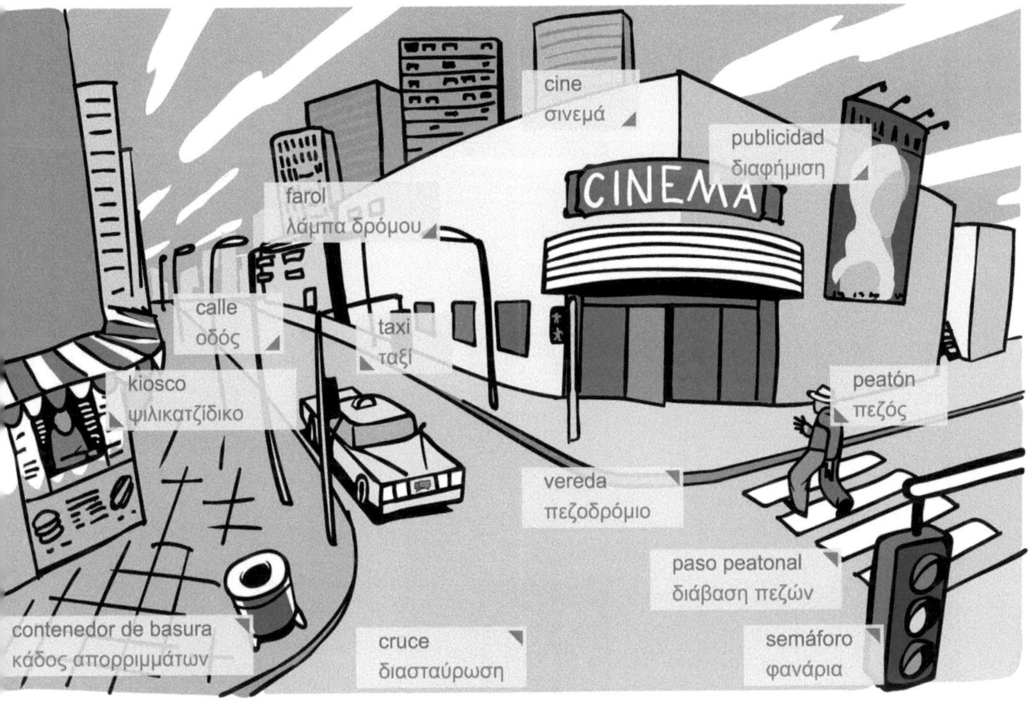

cine
σινεμά

publicidad
διαφήμιση

farol
λάμπα δρόμου

calle
οδός

taxi
ταξί

kiosco
ψιλικατζίδικο

peatón
πεζός

vereda
πεζοδρόμιο

paso peatonal
διάβαση πεζών

contenedor de basura
κάδος απορριμμάτων

cruce
διασταύρωση

semáforo
φανάρια

CINEMA

cabaña

καλύβα

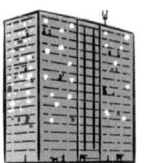

departamento

διαμέρισμα

estación de tren

σιδηροδρομικός σταθμός

municipalidad

δημαρχείο

museo

μουσείο

colegio

σχολείο

universidad

πανεπιστήμιο

banco

τράπεζα

hospital

νοσοκομείο

hotel

ξενοδοχείο

farmacia

φαρμακείο

oficina

γραφείο

librería

βιβλιοπωλείο

negocio

κατάστημα

florería

ανθοπωλείο

supermercado

σούπερ μάρκετ

mercado

αγορά

grandes tiendas

πολυκατάστημα

pescadería

ιχθυοπωλείο

centro comercial

εμπορικό κέντρο

puerto

λιμάνι

parque
πάρκο

banco
παγκάκι

puente
γέφυρα

escaleras
σκάλες

subte
μετρό

túnel
τούνελ

parada del colectivo
στάση λεωφορείου

bar
μπαρ

restaurante
εστιατόριο

buzón
γραμματοκιβώτιο

letrero
πινακίδα δρόμου

parquímetro
παρκόμετρο

zoológico
ζωολογικός κήπος

pileta
πισίνα

mezquita
τζαμί

ciudad - πόλη

granja

αγρόκτημα

contaminación

ρύπανση

cementerio

νεκροταφείο

iglesia

εκκλησία

juegos infantiles

παιδική χαρά

templo

ναός

paisaje

τοπίο

hoja
φύλλο

poste indicador
πινακίδα κατεύθυνσης

camino
δρόμος

pradera
λιβάδι

piedra
πέτρα

árbol
δέντρο

excursionista
πεζοπόρος

río
ποτάμι

hierba
χορτάρι

flor
λουλούδι

valle

κοιλάδα

montaña

λόφος

lago

λίμνη

bosque

δάσος

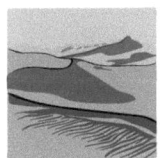

desierto

έρημος

volcán

ηφαίστειο

castillo

κάστρο

arco iris

ουράνιο τόξο

champiñón

μανιτάρι

palmera

φοίνικας

mosquito

κουνούπι

mosca

μύγα

hormiga

μυρμήγκι

abeja

μέλισσα

araña

αράχνη

escarabajo

σκαθάρι

rana

βάτραχος

ardilla

σκίουρος

erizo

σκαντζόχοιρος

liebre

λαγός

lechuza

κουκουβάγια

pájaro

πουλί

cisne

κύκνος

jabalí

αγριογούρουνο

ciervo

ελάφι

alce

άλκη

presa

φράγμα

aerogenerador

ανεμογεννήτρια

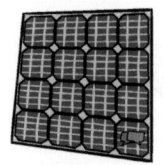

panel solar

ηλιακός συλλέκτης

clima

κλίμα

restaurante

εστιατόριο

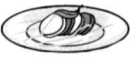

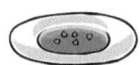

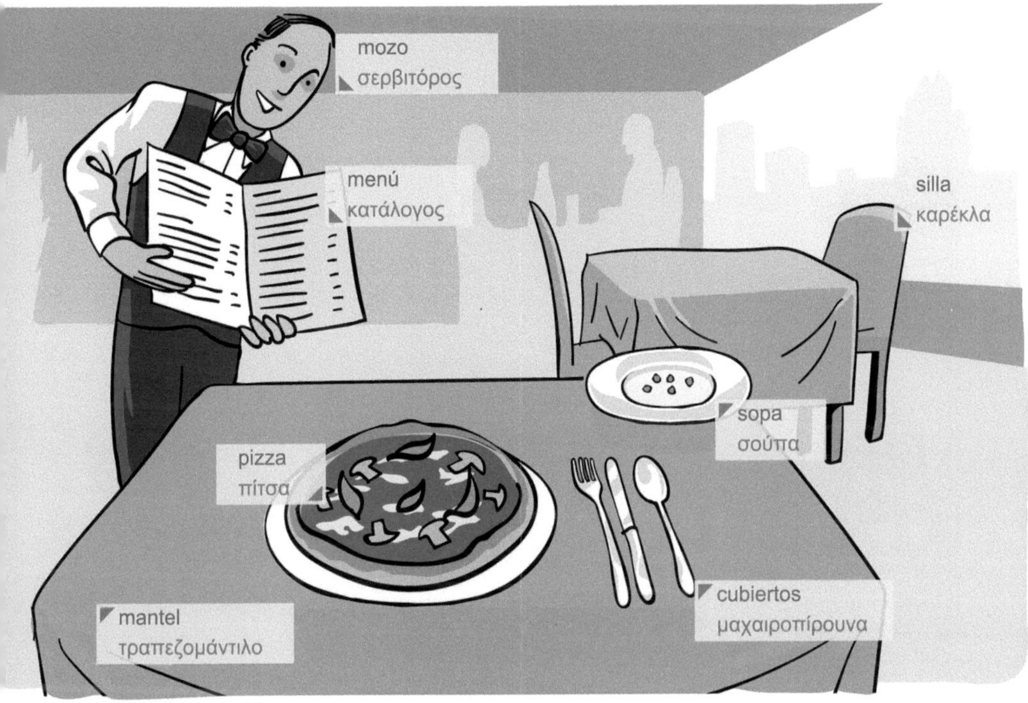

mozo
σερβιτόρος
menú
κατάλογος
silla
καρέκλα
sopa
σούπα
pizza
πίτσα
cubiertos
μαχαιροπίρουνα
mantel
τραπεζομάντιλο

entrada

ορεκτικό

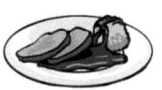

plato principal

κύριο πιάτο

postre

επιδόρπιο

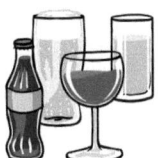

bebidas

ποτά

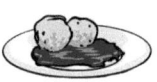

comida

φαγητό

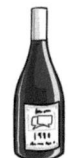

botella

μπουκάλι

comida rápida

φαστ φουντ

comida callejera

φαγητό στ' όρθιο

tetera

τσαγιέρα

azucarera

δοχείο ζάχαρης

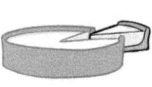

porción

μερίδα

cafetera expreso

μηχανή εσπρέσο

sillita alta

ψηλή καρέκλα

cuenta

λογαριασμός

bandeja

δίσκος

cuchillo

μαχαίρι

tenedor

πιρούνι

cuchara

κουτάλι

cucharita

κουταλάκι του τσαγιού

servilleta

πετσέτα φαγητού

vaso

ποτήρι

18   restaurante - εστιατόριο

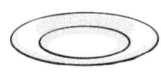

plato

πιάτο

plato hondo

πιάτο σούπας

plato

πιατάκι φλιτζανιού

salsa

σάλτσα

salero

αλατιέρα

molinillo de pimienta

μύλος για πιπέρι

vinagre

ξύδι

aceite

λάδι

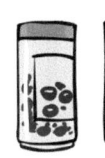

especias

μπαχαρικά

kétchup

κέτσαπ

mostaza

μουστάρδα

mayonesa

μαγιονέζα

supermercado

σούπερ μάρκετ

oferta especial
προσφορά
FOR
cliente
πελάτης
lácteos
γαλακτοκομικά προϊόντα
fruta
φρούτα
changuito
καρότσι για ψώνια

BUTCHERS

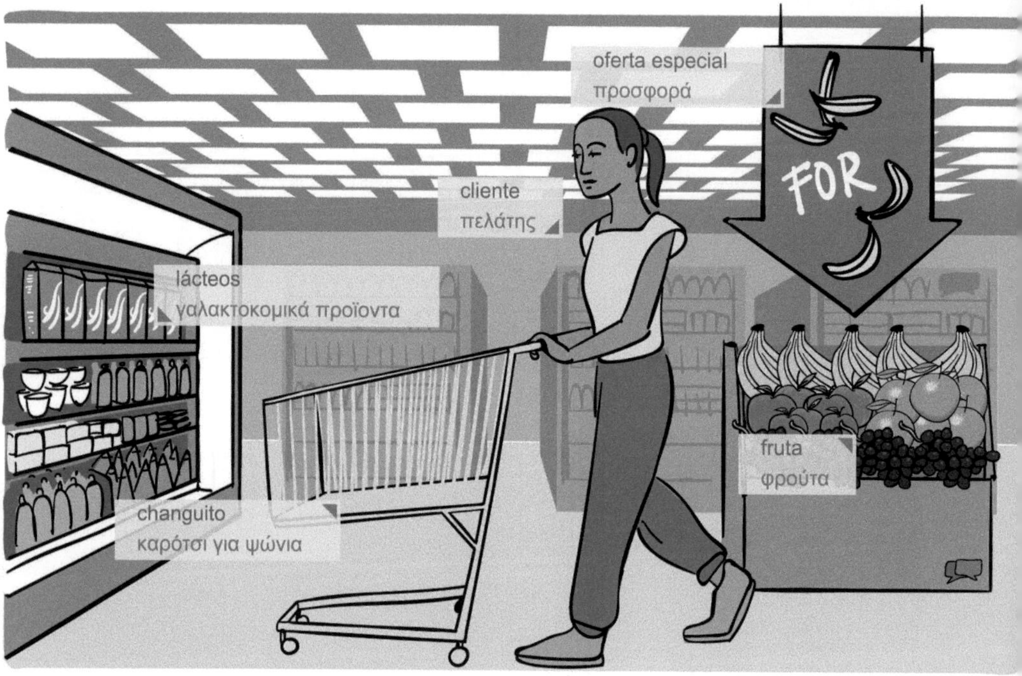

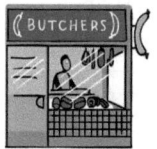

carnicería

κρεοπωλείο

BAKERY

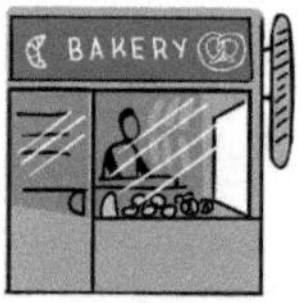

panadería

φούρνος

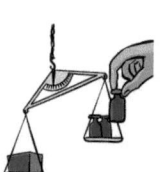

pesar

ζυγίζω

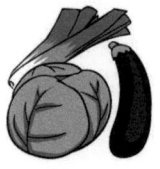

verduras

λαχανικά

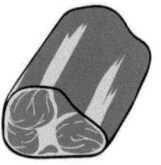

carne

κρέας

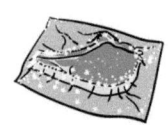

alimentos congelados

κατεψυγμένα τρόφιμα

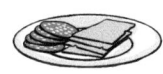

fiambres

αλλαντικά

alimentos enlatados

κονσερβοποιημένη τροφή

detergente en polvo

απορρυπαντικό ρούχων

golosinas

γλυκά

electrodomésticos

οικιακά είδη

productos de limpieza

καθαριστικά προϊόντα

vendedora

πωλήτρια

caja

ταμείο

cajero

ταμίας

lista de compras

λίστα για ψώνια

horario de atención

ωράριο λειτουργίας

billetera

πορτοφόλι

tarjeta de crédito

πιστωτική κάρτα

cartera

τσάντα

bolsa de plástico

πλαστική σακούλα

agua

νερό

jugo

χυμός

leche

γάλα

bebida cola

κόκα κόλα

vino

κρασί

cerveza

μπίρα

alcohol

αλκοόλ

cacao

κακάο

té

τσάι

café

καφές

café expreso

εσπρέσο

cappuccino

καπουτσίνο

banana

μπανάνα

manzana

μήλο

naranja

πορτοκάλι

melón

πεπόνι

limón

λεμόνι

zanahoria

καρότο

ajo

σκόρδο

bambú

μπαμπού

cebolla

κρεμμύδι

champiñón

μανιτάρι

nueces

ξηροί καρποί

fideos

νουντλς

tallarines

μακαρόνια

arroz

ρύζι

ensalada

σαλάτα

papas fritas

πατατάκια

papas fritas

τηγανητές πατάτες

pizza

πίτσα

hamburguesa

χάμπουργκερ

sándwich

σάντουιτς

churrasco

κοτολέτα

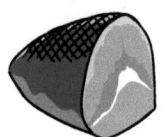

jamón

ζαμπόν

salame

σαλάμι

salchicha

λουκάνικο

pollo

κοτόπουλο

asado

ψητό

pescado

ψάρι

copos de avena

χυλός βρώμης

muesli

μούσλι

copos de maíz

κορν φλέικς

harina

αλεύρι

medialuna

κρουασάν

pancito

ψωμάκι

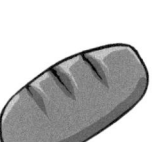

pan

ψωμί

tostada

τοστ

galletitas

μπισκότα

manteca

βούτυρο

cuajada

τυρόπηγμα

torta

κέικ

huevo

αυγό

huevo frito

τηγανητό αυγό

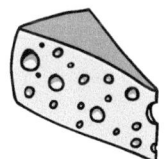

queso

τυρί

helado

παγωτό

azúcar

ζάχαρη

miel

μέλι

mermelada

μαρμελάδα

pasta de chocolate

άλλειμμα σοκολάτας

curry

κάρυ

granja
αγρόκτημα

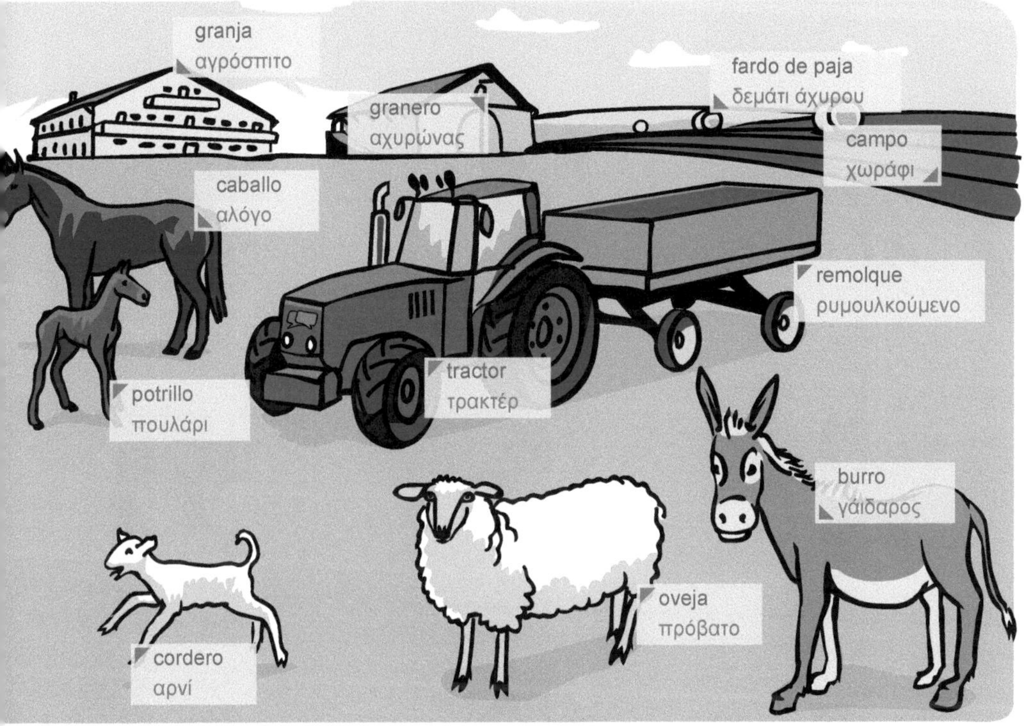
granja
αγρόσπιτο
fardo de paja
δεμάτι άχυρου
granero
αχυρώνας
campo
χωράφι
caballo
αλόγο
remolque
ρυμουλκούμενο
tractor
τρακτέρ
potrillo
πουλάρι
burro
γάιδαρος
oveja
πρόβατο
cordero
αρνί

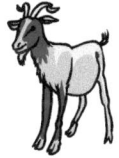

cabra
κατσίκα

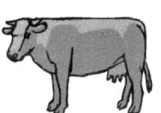

vaca
αγελάδα

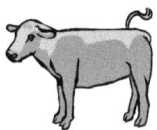

ternero
μοσχαράκι

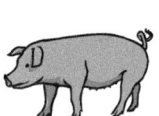

cerdo
γουρούνι

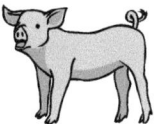

lechón
γουρουνάκι

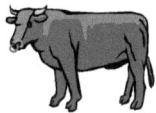

toro
ταύρος

ganso
χήνα

pato
πάπια

pollo
κοτοπουλάκι

gallina
κότα

gallo
κόκορας

rata
αρουραίος

gato
γάτα

ratón
ποντίκι

buey
βόδι

perro
σκύλος

cucha
σπιτάκι σκύλου

manguera
λάστιχο κήπου

regadera
ποτιστήρι

guadaña
θεριστήρι

arado
αλέτρι

hoz

δρεπάνι

azada

τσάπα

horquilla

δίκρανο

hacha

τσεκούρι

carretilla

χειράμαξα

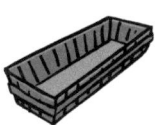

abrevadero

ταΐστρα

lechera

δοχείο γάλακτος

bolsa

σάκος

reja

φράχτης

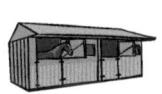

establo

στάβλος

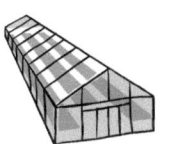

invernadero

θερμοκήπιο

suelo

έδαφος

semilla

σπόρος

fertilizador

λίπασμα

cosechadora

θεριζοαλωνιστική μηχανή

granja - αγρόκτημα

cosechar

θερίζω

cosecha

συγκομιδή

batatas

γιαμς

trigo

σιτάρι

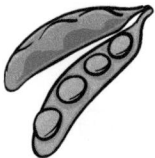

soja

σόγια

papa

πατάτα

maíz

καλαμπόκι

semilla de colza

κράμβη

árbol frutal

οπωροφόρο δέντρο

mandioca

μανιόκα

cereales

δημητριακά

casa
σπίτι

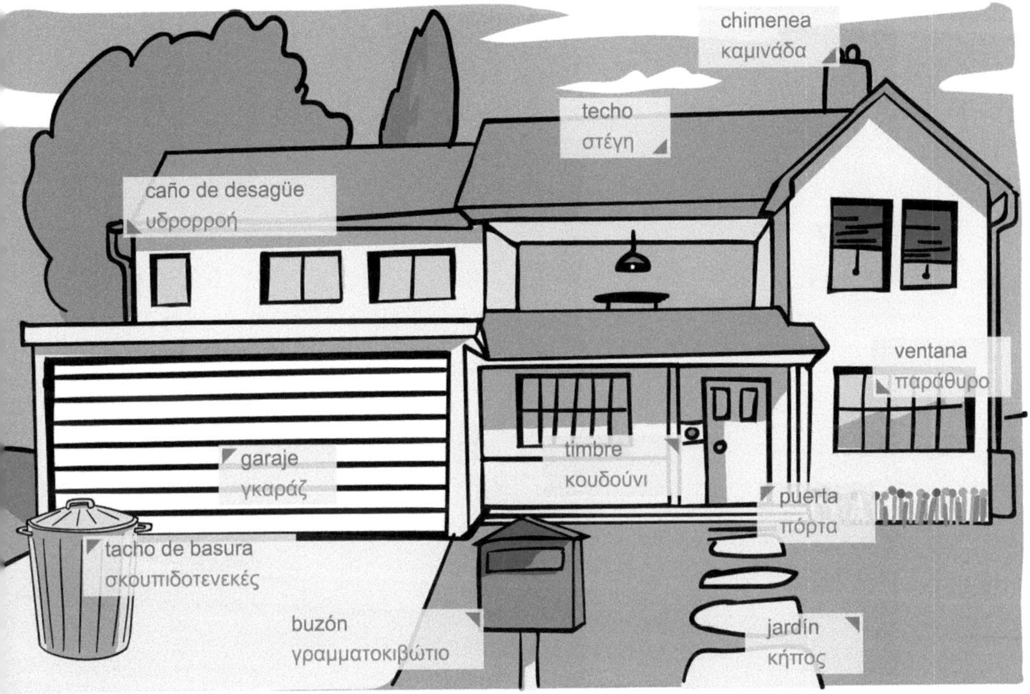
chimenea
καμινάδα
techo
στέγη
caño de desagüe
υδρορροή
ventana
παράθυρο
timbre
κουδούνι
garaje
γκαράζ
puerta
πόρτα
tacho de basura
σκουπιδοτενεκές
buzón
γραμματοκιβώτιο
jardín
κήπος

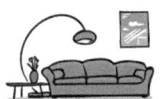

living

σαλόνι

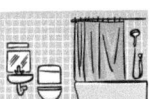

baño

μπάνιο

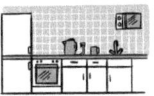

cocina

κουζίνα

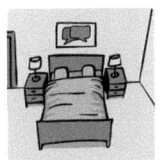

dormitorio

υπνοδωμάτιο

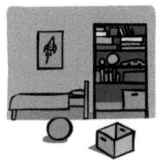

cuarto de los chicos

παιδικό δωμάτιο

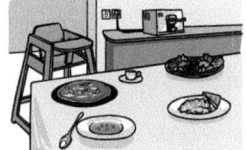

comedor

τραπεζαρία

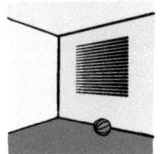

piso

πάτωμα

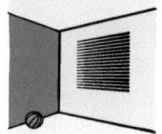

pared

τοίχος

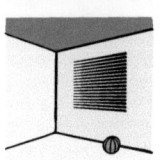

cielorraso

οροφή

sótano

κελάρι

sauna

σάουνα

balcón

μπαλκόνι

terraza

βεράντα

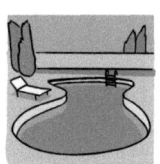

pileta

πισίνα

cortadora de pasto

μηχανή του γκαζόν

sábana

σεντόνι

acolchado

κάλυμμα κρεβατιού

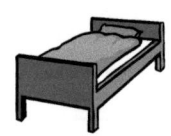

cama

κρεβάτι

escoba

σκούπα

balde

κουβάς

interruptor

διακόπτης

living
σαλόνι

empapelado
ταπετσαρία
imagen
φωτογραφία
lámpara
λάμπα
estante
ράφι
armario
ντουλάπι
televisión
τηλεόραση
chimenea
τζάκι
flor
λουλούδι
almohadón
μαξιλάρι
sofá
καναπές
florero
βάζο
control remoto
τηλεκοντρόλ

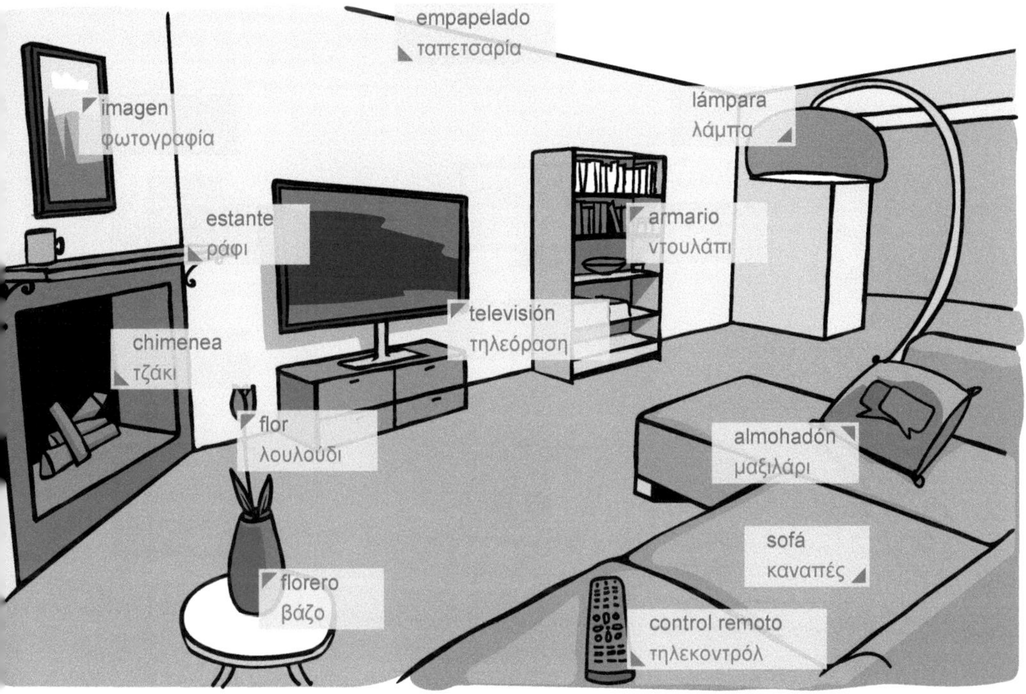

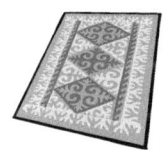

alfombra
χαλί

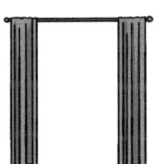

cortina
κουρτίνα

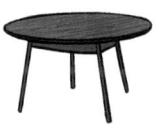

mesa
τραπέζι

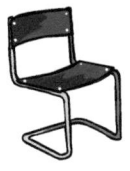

silla
καρέκλα

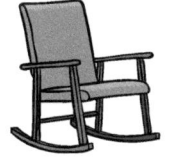

mecedora
κουνιστή πολυθρόνα

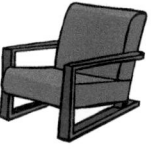

sillón
πολυθρόνα

libro

βιβλίο

frazada

κουβέρτα

decoración

διακόσμηση

leña

καυσόξυλα

película

ταινία

equipo de música

στερεοφωνικό σύστημα

llave

κλειδί

diario

εφημερίδα

pintura

πίνακας ζωγραφικής

póster

αφίσα

radio

ραδιόφωνο

cuaderno

σημειωματάριο

aspiradora

ηλεκτρική σκούπα

cactus

κάκτος

vela

κερί

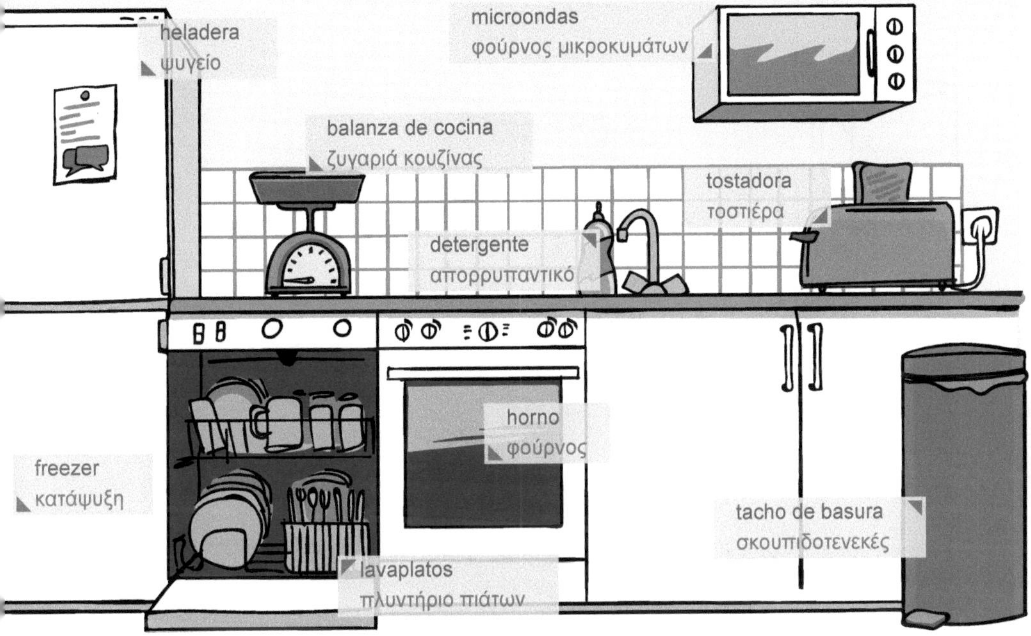

heladera
ψυγείο

microondas
φούρνος μικροκυμάτων

balanza de cocina
ζυγαριά κουζίνας

tostadora
τοστιέρα

detergente
απορρυπαντικό

horno
φούρνος

freezer
κατάψυξη

tacho de basura
σκουπιδοτενεκές

lavaplatos
πλυντήριο πιάτων

cocina
κουζίνα

olla
κατσαρόλα

olla de hierro fundido
μαντεμένια κατσαρόλα

wok
γουόκ/καντάι

sartén
τηγάνι

pava
βραστήρας

vaporera

ατμομάγειρας

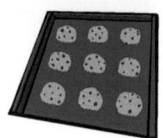

bandeja de horno

ταψί

vajilla

πιατικά

taza

κούπα

bol

μπολ

palitos

ξυλάκια

cucharón

κουτάλα

estpátula

σπάτουλα

batidora

ανακατεύω

colador

σουρωτήρι

colador

σουρωτηράκι

rallador

τρίφτης

mortero

γουδί

parrilla

ψησταριά

fogata

ανοιχτή φωτιά

cocina - κουζίνα

tabla de picar
σανίδα κοπής

palo de amasar
πλάστης

sacacorchos
ανοιχτήρι φελλών

lata
κονσέρβα

abrelatas
ανοιχτήρι κονσέρβας

manopla
γάντι φούρνου

pileta
νεροχύτης

cepillo
βούρτσα

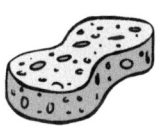

esponja
σφουγγάρι

batidora
μπλέντερ

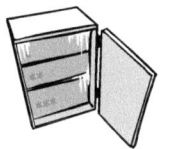

congelador
καταψύκτης

mamadera
μπιμπερό

canilla
βρύση

baño
μπάνιο

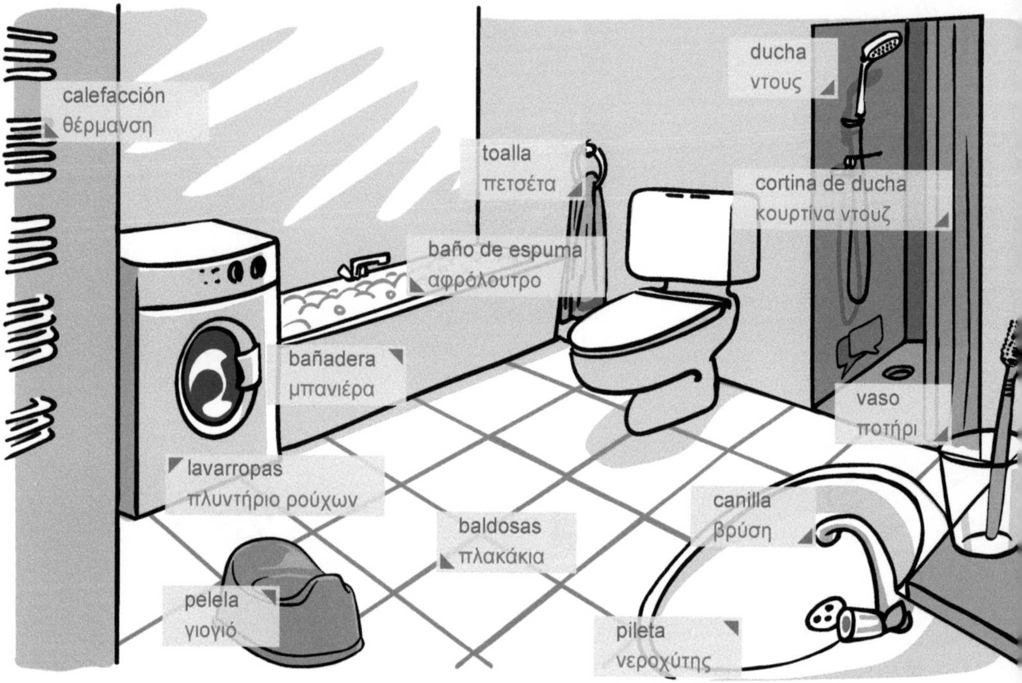

calefacción
θέρμανση

ducha
ντους

toalla
πετσέτα

cortina de ducha
κουρτίνα ντουζ

baño de espuma
αφρόλουτρο

bañadera
μπανιέρα

vaso
ποτήρι

lavarropas
πλυντήριο ρούχων

canilla
βρύση

baldosas
πλακάκια

pelela
γιογιό

pileta
νεροχύτης

inodoro

τουαλέτα

letrina

τούρκικη τουαλέτα

bidé

μπιντές

mingitorio

ουρητήριο

papel higiénico

χαρτί υγείας

cepillo para el inodoro

πιγκάλ

cepillo de dientes

οδοντόβουρτσα

dentífrico

οδοντόκρεμα

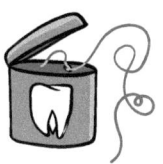

hilo dental

οδοντικό νήμα

lavar

πλένω

ducha de mano

τηλέφωνο ντους

ducha higiénica

ντουσιέρα

palangana

λεκάνη

cepillo para espalda

βούρτσα πλάτης

jabón

σαπούνι

gel de ducha

αφρόλουτρο

shampoo

σαμπουάν

toallita

φανέλα

desagüe

σιφόνι

crema

κρέμα

desodorante

αποσμητικό

baño - μπάνιο

espejo

καθρέφτης

espejito

καθρέφτης χειρός

maquinita de afeitar

ξυραφάκι

espuma de afeitar

αφρός ξυρίσματος

aftershave

αφτερσέιβ

peine

χτένα

cepillo

βούρτσα

secador de pelo

σεσουάρ

spray

λακ

maquillaje

μακιγιάζ

lápiz de labios

κραγιόν

esmalte para uñas

βερνίκι νυχιών

algodón

βαμβάκι

tijera para uñas

ψαλίδι νυχιών

perfume

άρωμα

portacosméticos

νεσεσέρ

banqueta

σκαμπό

balanza

ζυγαριά

bata

μπουρνούζι

guantes de goma

ελαστικά γάντια

tampón

ταμπόν

toallita femenina

πετσέτα υγιεινής

baño químico

χημική τουαλέτα

baño - μπάνιο

cuarto de los chicos
παιδικό δωμάτιο

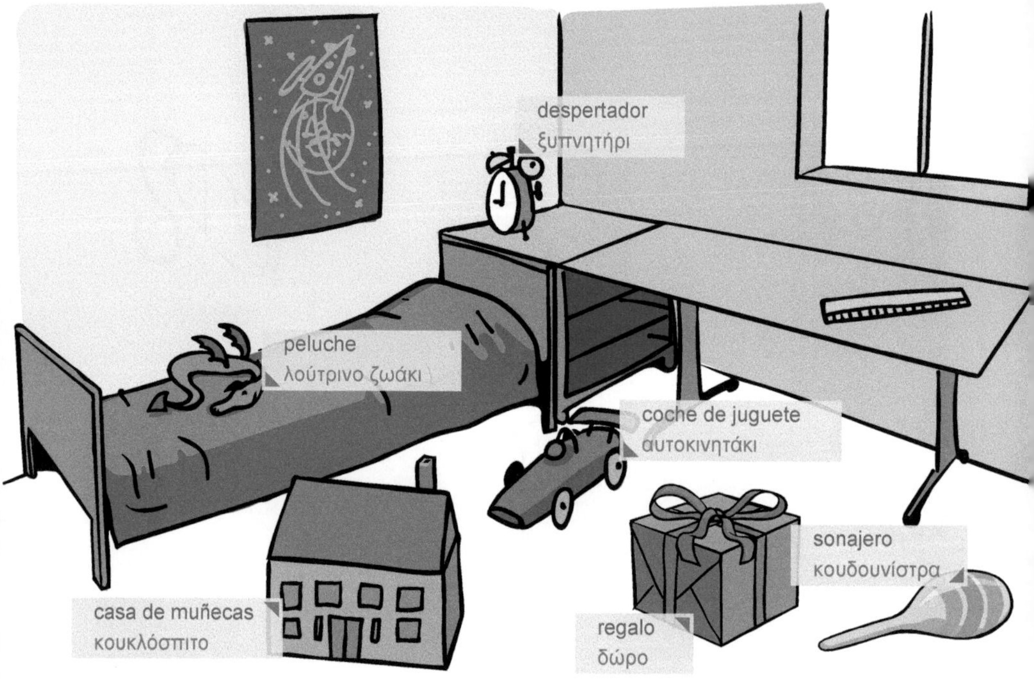
despertador
ξυπνητήρι
peluche
λούτρινο ζωάκι
coche de juguete
αυτοκινητάκι
sonajero
κουδουνίστρα
casa de muñecas
κουκλόσπιτο
regalo
δώρο

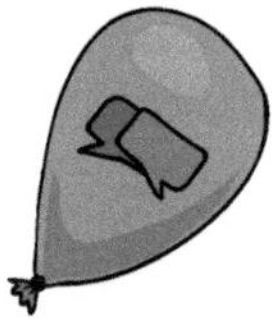

globo

μπαλόνι

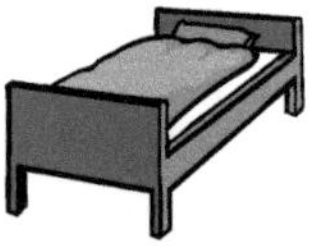

cama

κρεβάτι

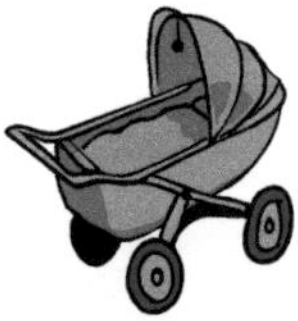

cochecito

καροτσάκι

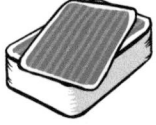

cartas

τράπουλα

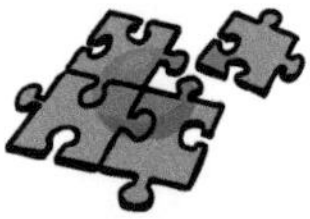

rompecabezas

παζλ

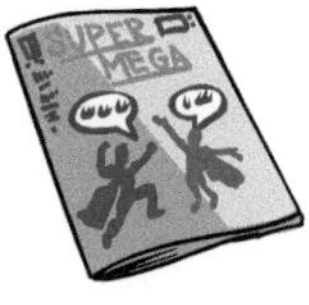
SUPER MEGA

historieta

κόμικς

piezas de lego

τουβλάκια lego

ladrillos de juguete

τουβλάκια κατασκευών

figura de acción

φιγούρα δράσης

enterito (de bebé)

βρεφικό φορμάκι

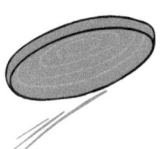

frisbee

φρίσμπι

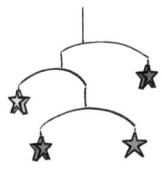

móvil para bebés

μόμπιλο

juego de mesa

επιτραπέζιο παιχνίδι

dados

ζάρια

tren eléctrico

σετ τρενάκι

chupete

πιπίλα

fiesta

πάρτι

libro de cuentos ilustrado

εικονογραφημένο βιβλίο

pelota

μπάλα

muñeca

κούκλα

jugar

παίζω

arenero

σκάμμα με άμμο

hamaca

κούνια

juguetes

παιχνίδια

consola de videojuegos

κονσόλα βιντεοπαιχνιδιών

triciclo

τρίκυκλο

osito de peluche

αρκουδάκι

armario

ντουλάπα

ropa
ρούχα

medias

κάλτσες

medias panty

καλτσοδέτες

calzas

καλσόν

bufanda
κασκόλ

paraguas
ομπρέλα

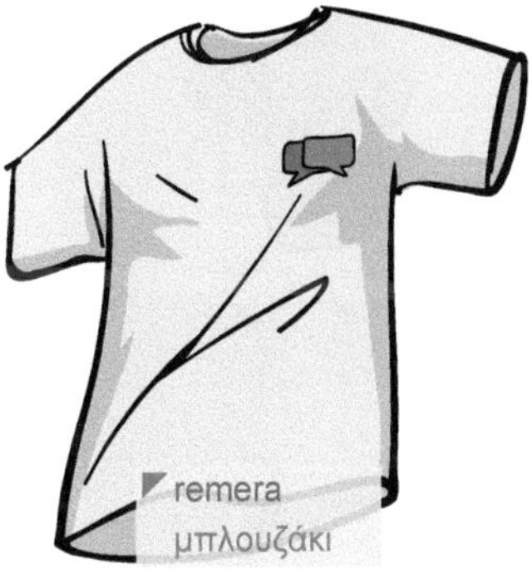

remera
μπλουζάκι

cinturón
ζώνη

botas
μπότες

pantuflas
παντόφλες

zapatillas
αθλητικά παπούτσια

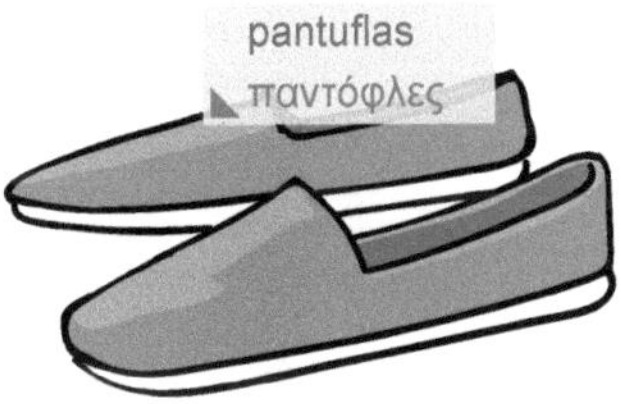

sandalias
σανδάλια

zapatos
παπούτσια

botas de goma
γαλότσες

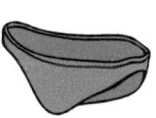

ropa interior
εσώρουχο

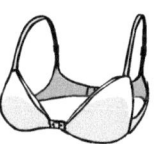

corpiño
σουτιέν

chaleco
φανέλα

body
σώμα

pantalones
παντελόνι

jeans
τζιν παντελόνι

pollera
φούστα

blusa
μπλούζα

camisa
πουκάμισο

pulóver
πουλόβερ

buzo
πουλόβερ

blazer
σακάκι

campera
μπουφάν

tapado
παλτό

piloto
αδιάβροχο πανωφόρι

traje
κοστούμι

vestido
φόρεμα

vestido de novia
νυφικό

traje
κοστούμι

camisón
νυχτικό

pijama
πιτζάμες

sari
σάρι

pañuelo para cabeza
μαντήλι

turbante
τουρμπάνι

burka
μπούρκα

caftán
καφτάνι

abaya
μουσουλμανικό ένδυμα

traje de baño
ολόσωμο μαγιό

short de baño
ανδρικό μαγιό

shorts
σορτς

jogging
αθλητική φόρμα

delantal
ποδιά

guantes
γάντια

botón

κουμπί

anteojos

γυαλιά

pulsera

βραχιόλι

collar

περιδέραιο

anillo

δαχτυλίδι

aro

σκουλαρίκι

gorra

καπέλο

percha

κρεμάστρα

sombrero

καπέλο

corbata

γραβάτα

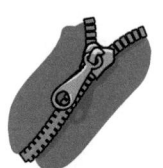

cierre

φερμουάρ

casco

κράνος

tiradores

τιράντες

uniforme escolar

μαθητική στολή

uniforme

στολή

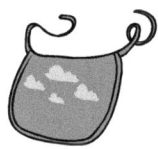

babero

σαλιάρα

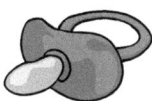

chupete

πιπίλα

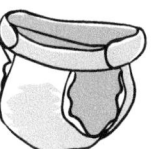

pañal

πάνα

oficina
γραφείο

servidor
σέρβερ
archivero
αρχειοθήκη
impresora
εκτυπωτής
papel
χαρτί
monitor
οθόνη
mouse
ποντίκι
escritorio
γραφείο
carpeta
ντοσιέ
teclado
πληκτρολόγιο
tacho (de basura)
καλάθι αχρήστων
computadora
υπολογιστής
silla
καρέκλα

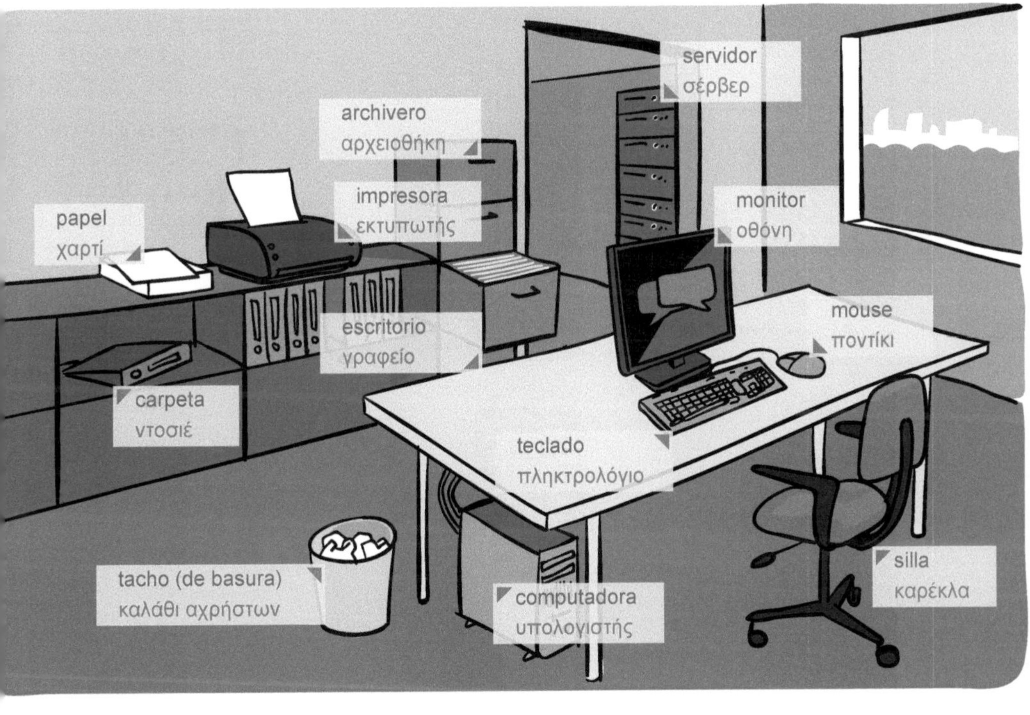

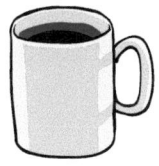

taza de café

κούπα του καφέ

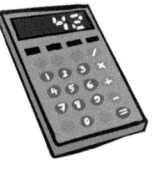

calculadora

κομπιουτεράκι

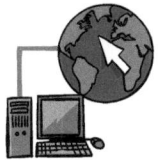

internet

ίντερνετ

laptop

λάπτοπ

carta

γράμμα

mensaje

μήνυμα

celular

κινητό

red

δίκτυο

fotocopiadora

φωτοτυπικό μηχάνημα

software

λογισμικό

teléfono

τηλέφωνο

tomacorriente

πρίζα

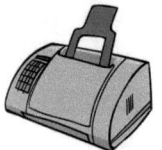

fax

συσκευή φαξ

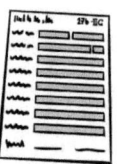

formulario

έντυπο

documento

έγγραφο

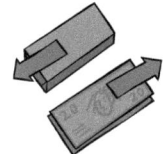

comprar

αγοράζω

pagar

πληρώνω

hacer negocios

συναλλάσσομαι

dinero

χρήματα

dólar

δολάριο

euro

ευρώ

yen

γιεν

rublo

ρούβλι

franco suizo

ελβετικό φράγκο

yuan

ρενμίνμπι γιουάν

rupia

ρουπία

cajero automático

ATM (αυτόματη ταμειακή μηχανή)

casa de cambio

ανταλλακτήρια συναλλάγματος

oro

χρυσός

plata

ασήμι

petróleo

πετρέλαιο

energía

ενέργεια

precio

τιμή

contrato

συμβόλαιο

impuesto

φόρος

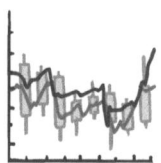

acción

μετοχή

trabajar

δουλεύω

empleado

υπάλληλος

empleador

εργοδότης

fábrica

εργοστάσιο

negocio

κατάστημα

ocupaciones
επαγγέλματα

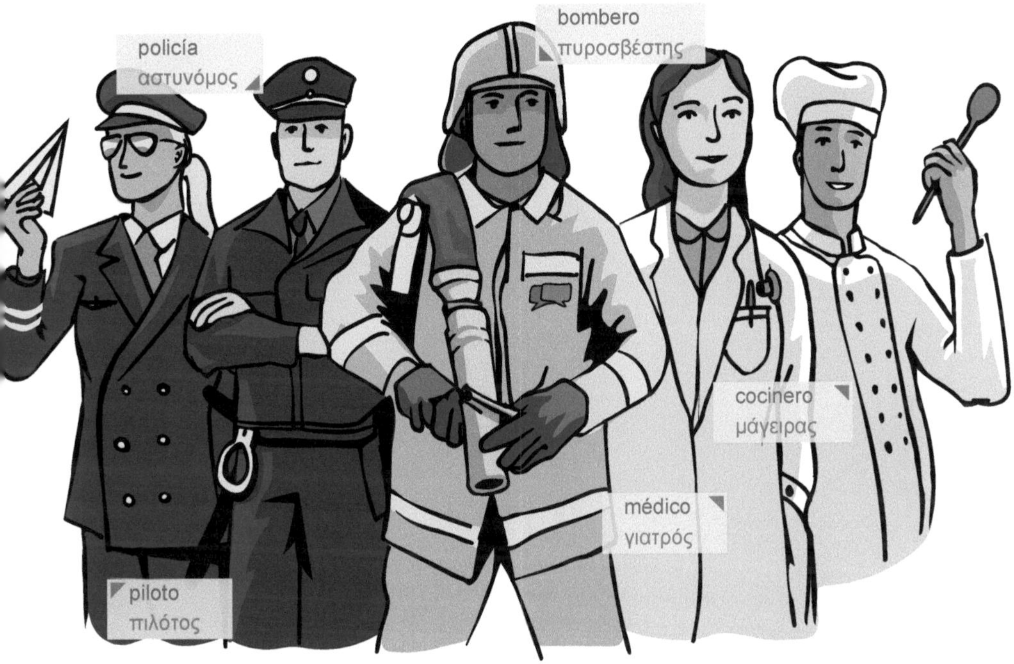
policía
αστυνόμος
bombero
πυροσβέστης
cocinero
μάγειρας
médico
γιατρός
piloto
πιλότος

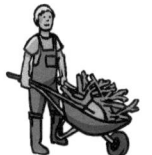

jardinero

κηπουρός

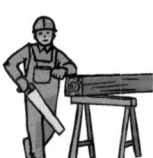

carpintero

ξυλουργός

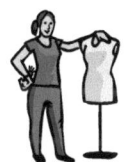

modista

μοδίστρα

juez

δικαστής

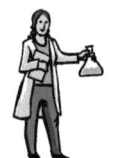

farmacéutico

χημικός

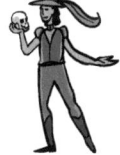

actor

ηθοποιός

colectivero

οδηγός λεωφορείου

taxista

ταξιτζής

pescador

ψαράς

mucama

καθαρίστρια

techista

τεχνίτης στεγών

mozo

σερβιτόρος

cazador

κυνηγός

pintor

ζωγράφος

panadero

αρτοποιός

electricista

ηλεκτρολόγος

albañil

οικοδόμος

ingeniero

μηχανολόγος

carnicero

κρεοπώλης

plomero

υδραυλικός

cartero

ταχυδρόμος

soldado
στρατιώτης

arquitecto
αρχιτέκτονας

cajero
ταμίας

florista
ανθοπώλης

peluquero
κομμωτής

cobrador
ελεγκτής εισιτηρίων

mecánico
μηχανικός

capitán
καπετάνιος

dentista
οδοντίατρος

científico
επιστήμονας

rabino
ραβίνος

imán
ιμάμης

monje
μοναχός

sacerdote
ιερέας

herramientas
εργαλεία

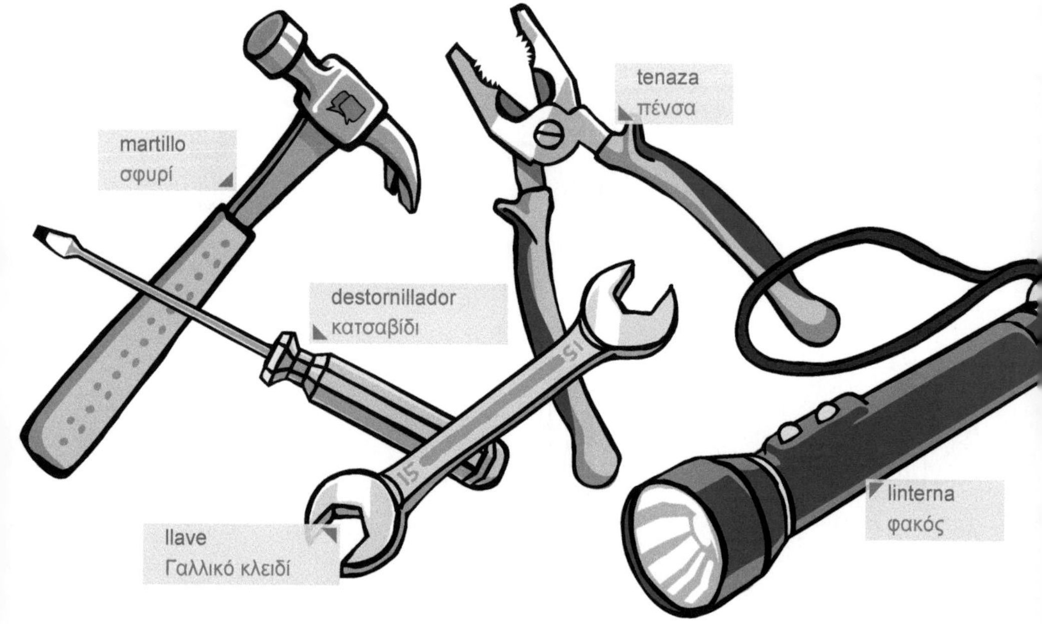
martillo
σφυρί
tenaza
πένσα
destornillador
κατσαβίδι
llave
Γαλλικό κλειδί
linterna
φακός

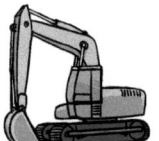

excavadora

εκσκαφέας

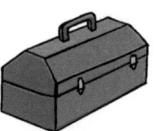

caja de herramientas

εργαλειοθήκη

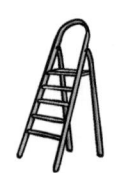

escalera portátil

σκάλα

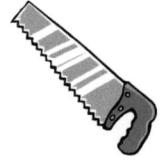

sierra

πριόνι

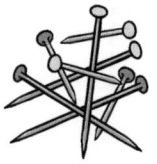

clavos

καρφιά

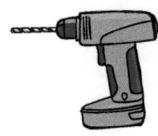

taladro

τρυπάνι

arreglar

επισκευάζω

pala de jardín

φτυάρι

¡Qué bronca!

Να πάρει!

pala de plástico

φαράσι

tacho de pintura

δοχείο χρωμάτων

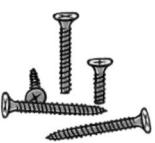

tornillos

βίδες

instrumentos musicales
μουσικά όργανα

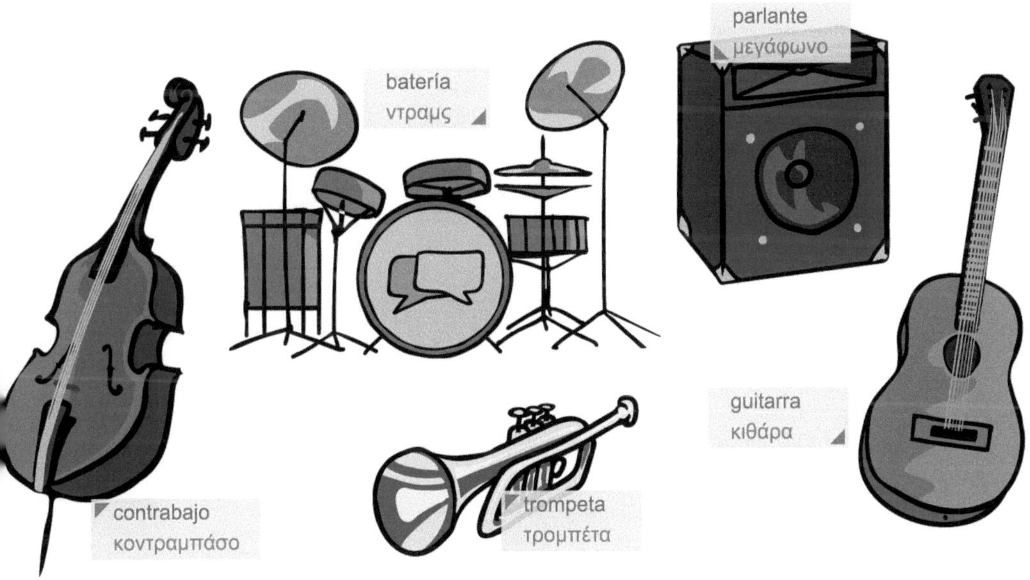

parlante
μεγάφωνο

batería
ντραμς

contrabajo
κοντραμπάσο

trompeta
τρομπέτα

guitarra
κιθάρα

piano

πιάνο

violín

βιολί

bajo

μπάσο

timbales

τύμπανα

tambor

τύμπανο

teclado

πλήκτρα

saxofón

σαξόφωνο

flauta

φλάουτο

micrófono

μικρόφωνο

zoológico
ζωολογικός κήπος

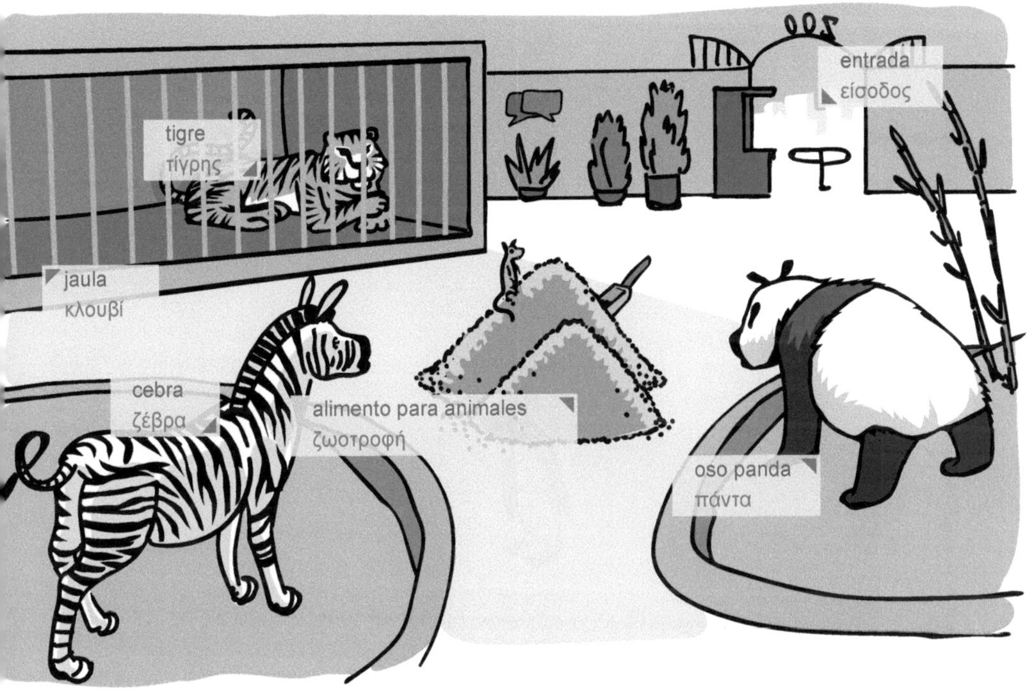

zoo
entrada
είσοδος
tigre
τίγρης
jaula
κλουβί
cebra
ζέβρα
alimento para animales
ζωοτροφή
oso panda
πάντα

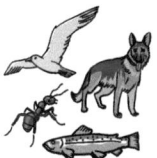

animales
ζώα

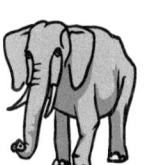

elefante
ελέφαντας

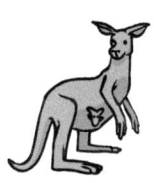

canguro
καγκουρό

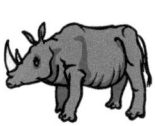

rinoceronte
ρινόκερος

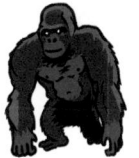

gorila
γορίλας

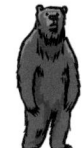

oso
αρκούδα

camello

καμήλα

avestruz

στρουθοκάμηλος

león

λιοντάρι

mono

πίθηκος

flamenco

φλαμίνγκο

loro

παπαγάλος

oso polar

πολική αρκούδα

pingüino

πιγκουίνος

tiburón

καρχαρίας

pavo real

παγώνι

serpiente

φίδι

cocodrilo

κροκόδειλος

cuidador del zoológico

φύλακας ζωολογικού κήπου

foca

φώκια

jaguar

τζάγκουαρ

zoológico - ζωολογικός κήπος

poni

πόνυ

leopardo

λεοπάρδαλη

hipopótamo

ιπποπόταμος

jirafa

καμηλοπάρδαλη

águila

αετός

jabalí

αγριογούρουνο

pescado

ψάρι

tortuga

χελώνα

morsa

θαλάσσιος ίππος

zorro

αλεπού

gacela

γαζέλα

fútbol americano
Αμερικάνικο ποδόσφαιρο

ciclismo
ποδηλασία

tenis
αντισφαίριση

básquet
μπάσκετ

natación
κολύμβηση

boxeo
πυγχαμία

hockey sobre hielo
χόκεϋ επί πάγου

fútbol	bádminton	atletismo
ποδόσφαιρο	μπάντμιντον	στίβος
handball	esquí	polo
χάντμπολ	σκι	πόλο

actividades
δραστηριότητες

saltar
πηδάω
abrazar
αγκαλιάζω
reír
γελάω
caminar
περπατάω
cantar
τραγουδάω
soñar
ονειρεύομαι
rezar
προσεύχομαι
besar
φιλάω

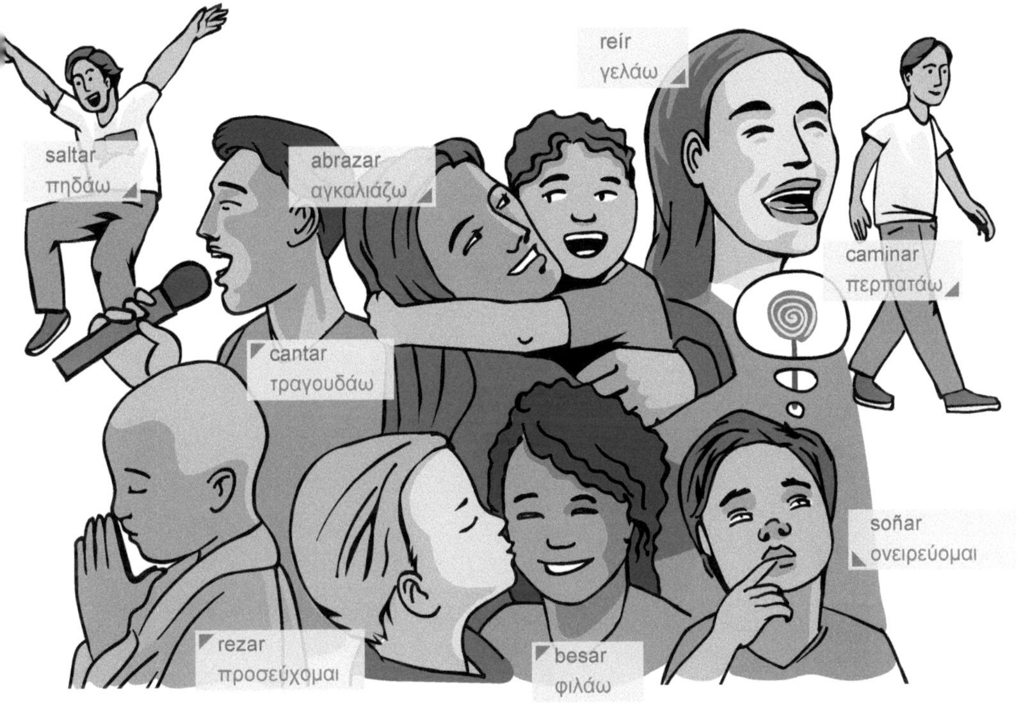

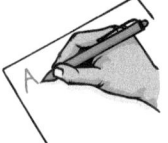

escribir
γράφω

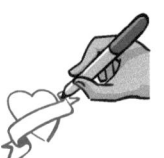

dibujar
σχεδιάζω

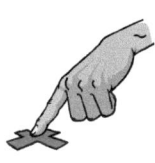

mostrar
δείχνω

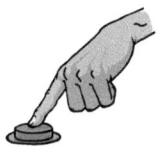

presionar
πιέζω

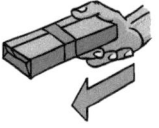

dar
δίνω

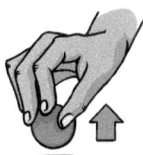

tomar
παίρνω

tener

έχω

hacer

κάνω

ser

είμαι

estar parado

στέκομαι

correr

τρέχω

tirar

τραβάω

tirar

ρίχνω

caer

πέφτω

estar acostado

ξαπλώνω

esperar

περιμένω

llevar

κουβαλώ

estar sentado

κάθομαι

vestirse

φοράω

dormir

κοιμάμαι

despertar

ξυπνάω

mirar
κοιτάω

llorar
κλαίω

acariciar
χαϊδεύω

peinar
χτενίζω

hablar
μιλάω

entender
καταλαβαίνω

preguntar
ρωτάω

escuchar
ακούω

beber
πίνω

comer
τρώω

ordenar
συγυρίζω

amar
αγαπάω

cocinar
μαγειρεύω

manejar
οδηγώ

volar
πετάω

navegar

κάνω ιστιοπλοΐα

calcular

υπολογίζω

leer

διαβάζω

aprender

μαθαίνω

trabajar

δουλεύω

casarse

παντρεύομαι

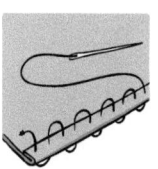

coser

ράβω

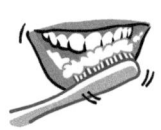

cepillarse los dientes

βουρτσίζω τα δόντια

matar

σκοτώνω

fumar

καπνίζω

enviar

στέλνω

abuela
γιαγιά

abuelo
παππούς

padre
πατέρας

madre
μητέρα

bebé
μωρό

hija
κόρη

hijo
γιος

invitado
καλεσμένος

tía
θεία

tío
θείος

hermano
αδελφός

hermana
αδελφή

cuerpo

σώμα

frente
μέτωπο
ojo
μάτι
hombro
ώμος
dedo
δάχτυλο
cara
πρόσωπο
pera
πιγούνι
mano
χέρι
pierna
πόδι
pecho
στήθος
brazo
βραχίονας

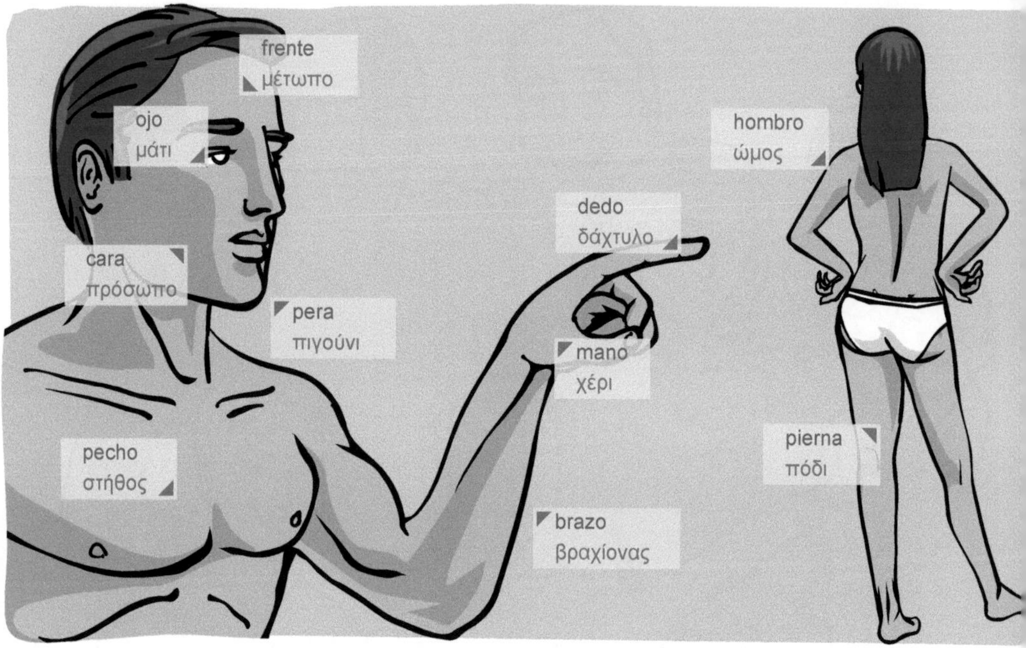

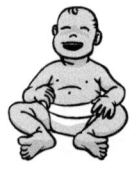

bebé

μωρό

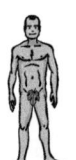

hombre

άνδρας

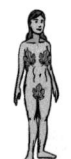

mujer

γυναίκα

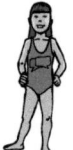

nena

κορίτσι

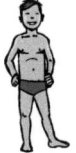

nene

αγόρι

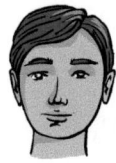

cabeza

κεφάλι

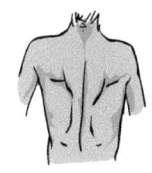

espalda

πλάτη

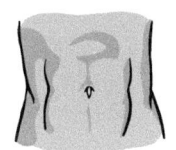

panza

κοιλιά

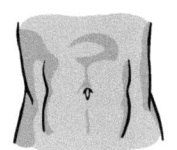

ombligo

αφαλός

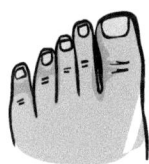

dedo del pie

δάχτυλο ποδιού

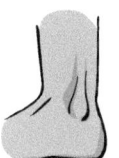

talón

φτέρνα

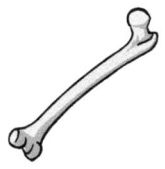

hueso

κόκκαλο

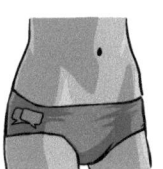

cadera

γοφός

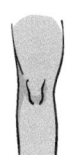

rodilla

γόνατο

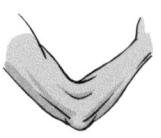

codo

αγκώνας

nariz

μύτη

cola

γλουτός

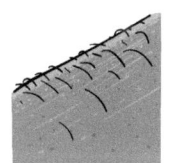

piel

δέρμα

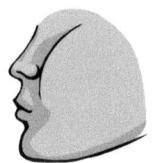

cachete

μάγουλο

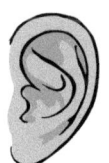

oreja

αυτί

labio

χείλος

cuerpo - σώμα

boca

στόμα

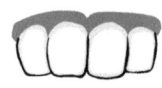

diente

δόντι

lengua

γλώσσα

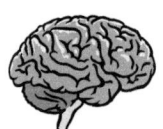

cerebro

εγκέφαλος

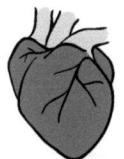

corazón

καρδιά

músculo

μυς

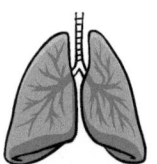

pulmón

πνεύμονας

hígado

συκώτι

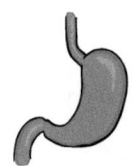

estómago

στομάχι

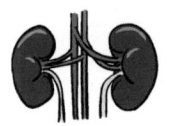

riñones

νεφρά

sexo

σεξουαλική επαφή

preservativo

προφυλακτικό

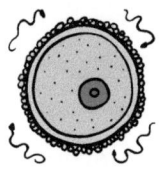

óvulo

ωάριο

semen

σπέρμα

embarazo

εγκυμοσύνη

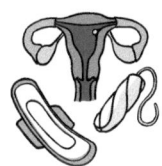

menstruación

περίοδος

vagina

γυναικείος κόλπος

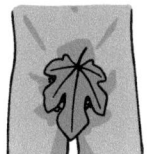

pene

πέος

ceja

φρύδι

pelo

μαλλιά

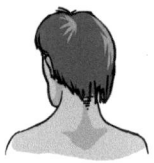

cuello

λαιμός

hospital
νοσοκομείο

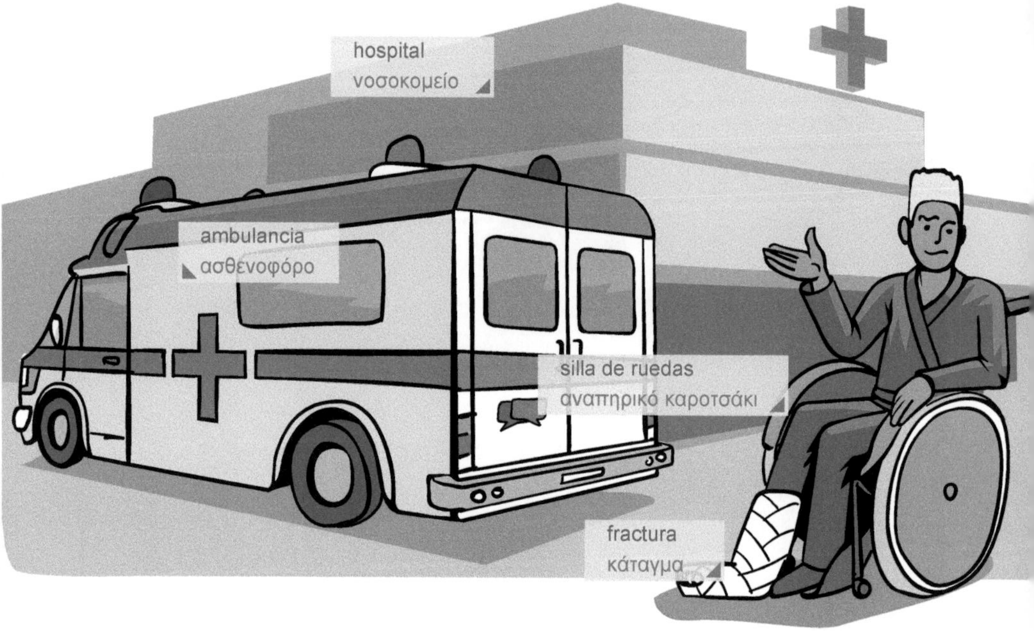

hospital
νοσοκομείο
ambulancia
ασθενοφόρο
silla de ruedas
αναπηρικό καροτσάκι
fractura
κάταγμα

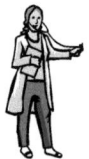

médico

γιατρός

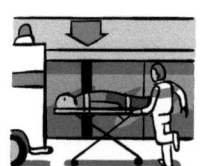

sala de guardia

μονάδα εντατικής θεραπείας

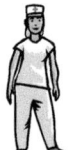

enfermera

νοσοκόμα

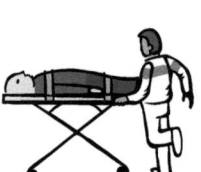

emergencia

έκτακτη ανάγκη

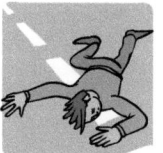

inconsciente

λιπόθυμος

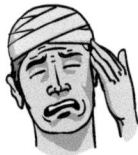

dolor

πόνος

lesión

τραύμα

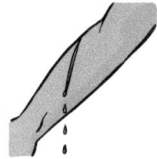

hemorragia

αιμορραγία

infarto

έμφραγμα

ACV

εγκεφαλικό

alergia

αλλεργία

tos

βήχας

fiebre

πυρετός

gripe

γρίπη

diarrea

διάρροια

dolor de cabeza

πονοκέφαλος

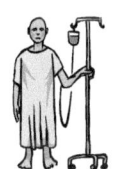

cáncer

καρκίνος

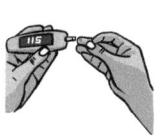

diabetes

διαβήτης

cirujano

χειρουργός

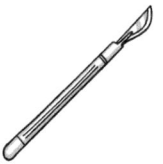

bisturí

νυστέρι

operación

εγχείρηση

TC
αξονική τομογραφία

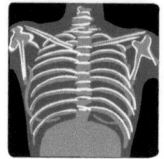

rayos x
ακτινογραφία

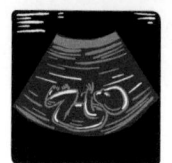

ecografía
υπέρηχος

barbijo
μάσκα

enfermedad
ασθένεια

sala de espera
αίθουσα αναμονής

muleta
πατερίτσα

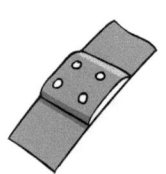

curita
χάνσαπλαστ

venda
επίδεσμος

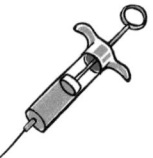

inyección
ένεση

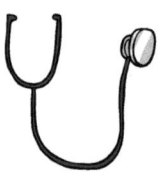

estetoscopio
στηθοσκόπιο

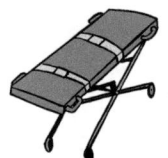

camilla
φορείο

termómetro
θερμόμετρο

nacimiento
γέννηση

sobrepeso
υπέρβαρο

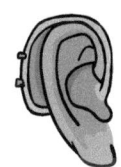

audífono

ακουστικό βαρηκοΐας

desinfectante

αντισηπτικό

infección

λοίμωξη

virus

ιός

VIH / SIDA

HIV/AIDS

remedio

φάρμακο

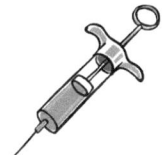

vacunación

εμβολιασμός

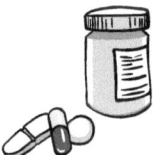

comprimidos

δισκία

pastilla anticonceptiva

χάπι

llamada de emergencia

κλήση έκτακτης ανάγκης

tensiómetro

πιεσόμετρο αίματος

enfermo / sano

άρρωστος / υγιής

¡Ayuda!
Βοήθεια!

alarma
συναγερμός

agresión
βιαιοπραγία

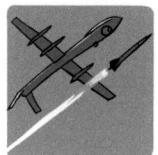

ataque
επίθεση

peligro
κίνδυνος

salida de emergencia
έξοδος κινδύνου

¡Fuego!
Φωτιά!

matafuego
πυροσβεστήρας

accidente
ατύχημα

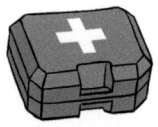

botiquín de primeros auxilios
κουτί πρώτων βοηθειών

SOS
SOS

policía
αστυνομία

Europa

Ευρώπη

América del Norte

Βόρεια Αμερική

América del Sur

Νότια Αμερική

África

Αφρική

Asia

Ασία

Australia

Αυστραλία

Atlántico

Ατλαντικός Ωκεανός

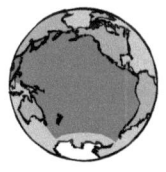

Pacífico

Ειρηνικός Ωκεανός

Océano Índico

Ινδικός Ωκεανός

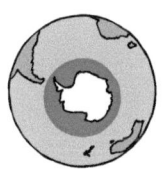

Océano Antártico

Ανταρκτικός Ωκεανός

Océano Ártico

Αρκτικός Ωκεανός

polo norte

Βόρειος Πόλος

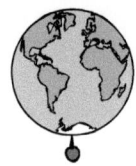

polo sur

Νότιος Πόλος

Antártida

Ανταρκτική

Tierra

Γη

tierra

γη

mar

θάλασσα

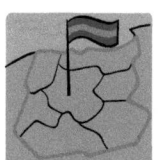

isla

νησί

nación

έθνος

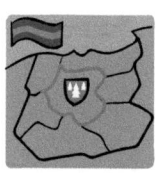

estado

πολιτεία

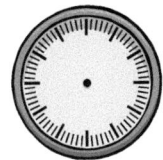

esfera

καντράν ρολογιού

manecilla de las horas

ωροδείκτης

minutero

λεπτοδείκτης

segundero

δείκτης δευτερολέπτων

¿Qué hora es?

Τι ώρα είναι;

día

ημέρα

hora

χρόνος

ahora

τώρα

reloj digital

ψηφιακό ρολόι

minuto

λεπτό

hora

ώρα

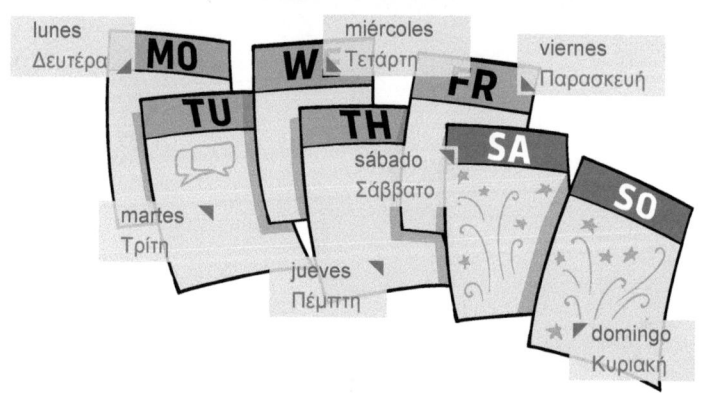

lunes
Δευτέρα

miércoles
Τετάρτη

viernes
Παρασκευή

martes
Τρίτη

sábado
Σάββατο

jueves
Πέμπτη

domingo
Κυριακή

ayer

χθες

hoy

σήμερα

mañana

αύριο

mañana

πρωί

mediodía

μεσημέρι

tarde

βράδυ

días hábiles

εργάσιμες ημέρες

fin de semana

Σαββατοκύριακο

año

έτος

arco iris
ουράνιο τόξο
lluvia
βροχή
nieve
χιόνι
viento
άνεμος
primavera
άνοιξη
otoño
φθινόπωρο
verano
καλοκαίρι
invierno
χειμώνας

4.APRIL 11°
5.APRIL 4°
6.APRIL 13°
7.APRIL 8°
8.APRIL 10°

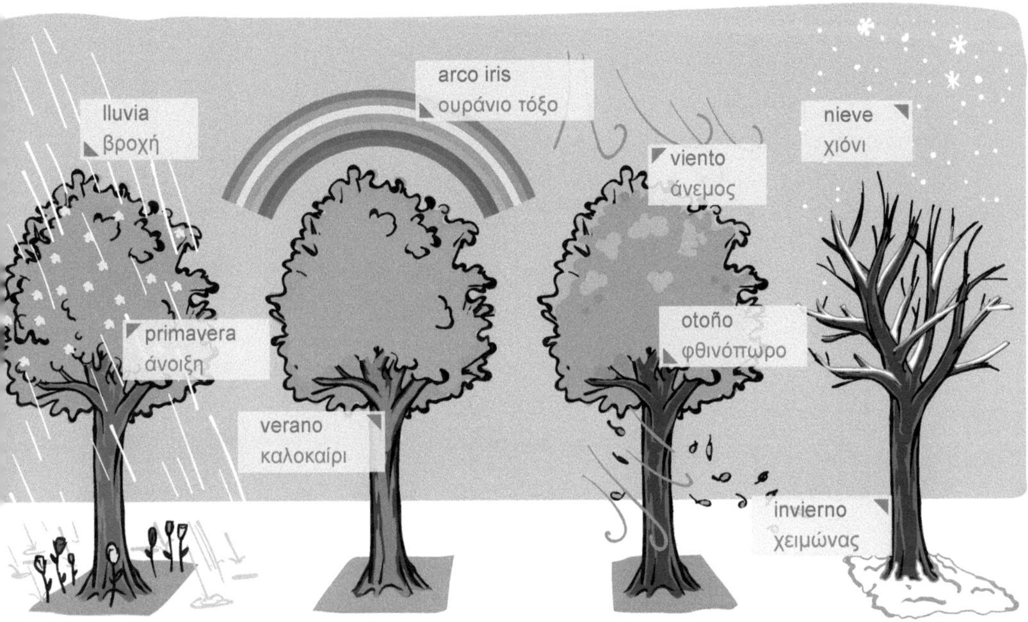

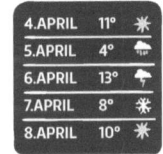

pronóstico meteorológico

πρόγνωση καιρού

F C
120 40
90 30
60 20
30 10
0 0
-30 -10
-20

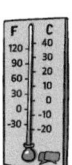

termómetro

θερμόμετρο

luz del sol

λιακάδα

nube

σύννεφο

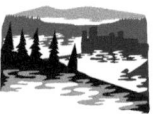

niebla

ομίχλη

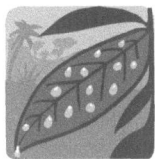

humedad

υγρασία

rayo

αστραπή

trueno

κεραυνός

tormenta

καταιγίδα

granizo

χαλάζι

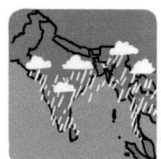

monzón

μουσώνας

inundación

πλημμύρα

hielo

πάγος

enero

Ιανουάριος

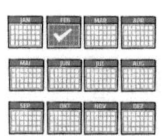

febrero

Φεβρουάριος

marzo

Μάρτιος

abril

Απρίλιος

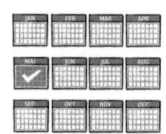

mayo

Μάιος

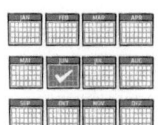

junio

Ιούνιος

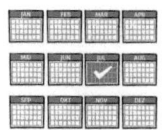

julio

Ιούλιος

agosto

Αύγουστος

año - έτος

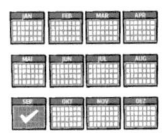

septiembre

Σεπτέμβριος

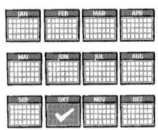

octubre

Οκτώβριος

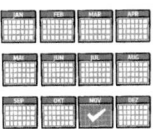

noviembre

Νοέμβριος

diciembre

Δεκέμβριος

formas
σχήματα

círculo

κύκλος

cuadrado

τετράγωνο

rectángulo

ορθογώνιο
παραλληλόγραμμο

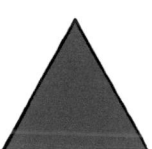

triángulo

τρίγωνο

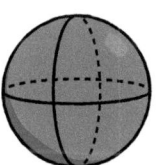

esfera

σφαίρα

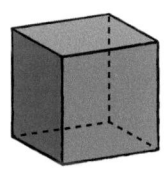

cubo

κύβος

blanco

άσπρο

amarillo

κίτρινο

naranja

πορτοκαλί

rosa

ροζ

rojo

κόκκινο

violeta

μωβ

azul

μπλε

verde

πράσινο

marrón

καφέ

gris

γκρι

negro

μαύρο

mucho / poco

πολύ / λίγο

enojado / tranquilo

θυμωμένος / ήρεμος

lindo / feo

όμορφος / άσχημος

principio / fin

αρχή / τέλος

grande / chico

μεγάλος / μικρός

claro / oscuro

φωτεινός / σκοτεινός

hermano / hermana

αδελφός / αδελφή

limpio / sucio

καθαρός / λερωμένος

completo / incompleto

πλήρης / ατελής

día / noche

ημέρα / νύχτα

muerto / vivo

νεκρός / ζωντανός

ancho / angosto

φαρδύς / στενός

comestible / no comestible

βρώσιμος / μη βρώσιμος

malo / amable

κακός / ευγενικός

entusiasmado / aburrido

ενθουσιασμένος / βαριεστημένος

gordo / flaco

παχύς / λεπτός

primero / último

πρώτος / τελευταίος

amigo / enemigo

φίλος / εχθρός

lleno / vacío

γεμάτος / άδειος

duro / blando

σκληρός / μαλακός

pesado / liviano

βαρύς / ελαφρύς

hambre / sed

πείνα / δίψα

enfermo / sano

άρρωστος / υγιής

ilegal / legal

παράνομος / νόμιμος

inteligente / estúpido

έξυπνος / χαζός

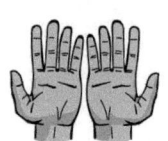

izquierda / derecha

αριστερός / δεξιός

cerca / lejos

κοντινός / μακρινός

nuevo / usado
....
καινούριος /
μεταχειρισμένος

nada / algo
....
τίποτα / κάτι

viejo / joven
....
γέρος | νέος

encendido / apagado
....
αναμμένος / σβηστός

abierto / cerrado
....
ανοιχτός / κλειστός

silencioso / ruidoso
....
χαμηλόφωνος /
μεγαλόφωνος

rico / pobre
....
πλούσιος / φτωχός

correcto / incorrecto
....
σωστός / λανθασμένος

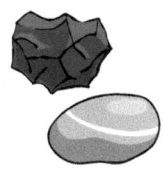

áspero / suave
....
τραχύς / λείος

triste / contento
....
λυπημένος / χαρούμενος

corto / largo
....
κοντός / μακρύς

lento / rápido
....
αργός / γρήγορος

mojado / seco
....
υγρός / στεγνός

caliente / frío
....
ζεστός / δροσερός

guerra / paz
....
πόλεμος / ειρήνη

0

cero

μηδέν

1

uno

ένα

2

dos

δύο

3

tres

τρία

4

cuatro

τέσσερα

5

cinco

πέντε

6

seis

έξι

7

siete

εφτά

8

ocho

οκτώ

9

nueve

εννιά

10

diez

δέκα

11

once

έντεκα

12

doce

δώδεκα

13

trece

δεκατρία

14

catorce

δεκατέσσερα

15

quince

δεκαπέντε

16

dieciséis

δεκαέξι

17

diecisiete

δεκαεφτά

18

dieciocho

δεκαοκτώ

19

diecinueve

δεκαεννέα

20

veinte

είκοσι

100

cien

εκατό

1.000

mil

χίλια

1.000.000

millón

εκατομμύριο

inglés

Αγγλικά

inglés americano

Αμερικάνικα Αγγλικά

chino mandarín

Μανδαρίνικα Κινέζικα

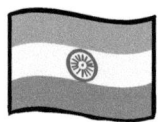

hindi

Χίντι

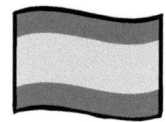

español

Ισπανικά

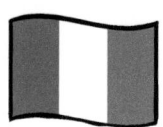

francés

Γαλλικά

árabe

Αραβικά

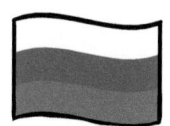

ruso

Ρώσικα

portugués

Πορτογαλικά

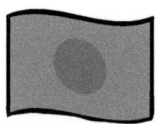

bengalí

Μπενγκάλι

alemán

Γερμανικά

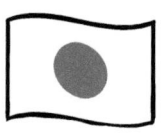

japonés

Ιαπωνικά

yo

εγώ

vos

εσύ

él / ella

αυτός / αυτή / αυτό

nosotros

εμείς

ustedes

εσείς

ellos

αυτοί / αυτές / αυτά

¿quién?

ποιος / ποια / ποιο;

¿qué?

τι;

¿cómo?

πώς;

¿dónde?

πού;

¿cuándo?

πότε;

nombre

όνομα

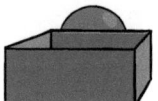

detrás

πίσω

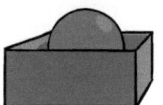

en

μέσα

adelante de

μπροστά

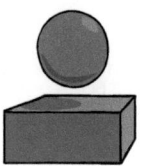

por encima de

πάνω από

sobre

πάνω

debajo de

κάτω

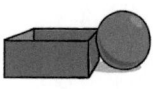

al lado de

δίπλα

entre

ανάμεσα

lugar

μέρος